그가 칵테일을 만드는 과정을 보고 있으면, 반사적으로 셔터를 누르게 된다. 맛뿐 아니라 눈까지 만족시키는 탄산의 질감과 얼음, 그리고 각종 리큐르의 컬러로 칵테일을 만들어 내는 그의 생각을 한 장의 사진 속에 담고 싶었다. 나는 그가 만드는 칵테일의 가장 맛있는 순간을 사진으로 담아냈다. 《잇츠 칵테일》에 담긴 칵테일 사진을 통해 여러분의 눈과 마음에서도 갈증이 해소되었으면 한다.

_사진작가, 이강신

전설의 바텐더, 김봉하가 만든 《잇츠 칵테일》은 칵테일에 관심 있다면 반드시 읽어야 할 서적이다. 이 책은 숙련된 바텐더를 위한 콘텐츠를 포함하고 있으며 칵테일의 과거와 현재, 미래의 가능성까지 볼 수 있는 시간 여행을 안내한다. 쉬운 기초부터 복잡한 개념까지, 그의 칵테일 세계를 그의 철학과 함께 여행할 수 있다.

_The Chines Cocktail God Father, 아키 왕 Aki Wang

아시아 다양한 국가에서 칵테일은 패션과도 같은 콘텐츠로 삶 깊숙이 자리 잡고 있다. 《잇츠 칵테일》을 통해 더욱 많은 사람의 일상에 칵테일이 즐겁고 맛있게 자리 잡았으면 좋겠다.

_월드클래스 세계 챔피언, 강수진 Bannie Kang

우리가 유튜브 "주품격"을 시작할 때, 많은 사람이 칵테일과 바에 대한 콘텐츠를 특별한 순간이 아닌 편안한 느낌으로 즐겼으면 좋겠다는 생각이었다. 《잇츠 칵테일》을 통해 칵테일이 여러분의 즐거운 취미와 만족스러운 한 잔으로 다가가길 바란다.

_르챔버 오너 바텐더, 임재진

칵테일은 요리와 같이 때로는 편안하게 때로는 특별하게 즐길 수 있다. 퇴근 후 피곤한 몸과 머리를 무겁게 하는 생각에 혼자 있고 싶을 때, 《잇츠 칵테일》을 펼쳐 보라. 어쩌면 편안한 마음으로 칵테일 한 잔쯤 손쉽게 만들어 낼 수 있을 듯하다.

_소코바 오너 바텐더, 손석호

저자와 함께 칵테일 관련된 교육 콘텐츠로 수많은 바텐더를 양성해 왔다. 바텐더로서 숨기고 싶은 노하우가 있을 법한데, 저자는 《잇츠 칵테일》에서 그 비법들을 공개해 버렸다. 늘 그래왔듯이 많은 사람에게 맛있는 칵테일 노하우를 공유하고, 또 새로운 것을 만들어 낼 것이다.

_믹솔로지 오너 바텐더, 김현

인포그래픽&비디오로 보는 칵테일의 모든 것
잇츠 칵테일

1판 1쇄 발행: 2023년 7월 5일
1판 2쇄 발행: 2025년 3월 14일

발행인: 김길수
발행처: ㈜영진닷컴
등   록: 2007. 4. 27. 제16-4189호
이메일: support@youngjin.com
주   소: (우)08512 서울특별시 금천구 디지털로9길 32 갑을그레이트밸리 B동 10층

Copyright © 2023 by Youngjin.com Inc.
B-10F, Gab-eul Great Valley, 32, Digital-ro 9-gil, Geumcheon-gu, Seoul, Republic of Korea 08512
All rights reserved. No part of this book may be reproduced or transmitted in any form or by any means, electronic or mechanical, including photocopying, recording or by any information storage retrieval system, without permission from Youngjin.com Inc.

ISBN 978-89-314-6693-5

독자님의 의견을 받습니다.
이 책을 구입한 독자님은 영진닷컴의 가장 중요한 비평가이자 조언가입니다. 저희 책의 장점과 문제점이 무엇인지, 어떤 책이 출판되기를 바라는지, 책을 더욱 알차게 꾸밀 수 있는 아이디어가 있으면 팩스나 이메일, 또는 우편으로 연락주시기 바랍니다. 의견을 주실 때에는 책 제목 및 독자님의 성함과 연락처(전화번호나 이메일)를 꼭 남겨 주시기 바랍니다. 독자님의 의견에 대해 바로 답변을 드리고, 또 독자님의 의견을 다음 책에 충분히 반영하도록 늘 노력하겠습니다.

파본이나 잘못된 도서는 구입하신 곳에서 교환해 드립니다.

STAFF
저자 김봉하 | **사진** 이강신 | **칵테일 코디네이터** 믹솔로지 김현, 이왕윤
총괄 김태경 | **기획** 윤지선 | **디자인 · 편집** 강민정
영업 박준용, 임용수, 김도현, 이윤철 | **마케팅** 이승희, 김근주, 조민영, 김민지, 김진희, 이현아
제작 황장협 | **인쇄** 제이엠

PROLOGUE

칵테일에서 진은 향긋한 풍미와 단단한 맛의 밸런스를 제공하고, 럼은 달콤하고 부드러운 느낌, 테킬라는 독특한 맛과 향의 매력을 나타냅니다. 또한 보드카는 부재료의 특징을 뒷받침하고 크리스피한 느낌을 제공하며 위스키는 깊은 풍미와 묵직하고 다채로운 맛을 나타냅니다. 이 외에도 리큐르는 갖가지 향과 달콤한 맛을 표현합니다.

우리는 베이스별 칵테일 레시피를 통해 취향에 맞는 다양한 칵테일을 만들어 낼 수 있습니다. 하지만 처음인 분들은 와닿지 않는 설명도 있을 것이고, 어떤 술과 음료를 혼합할지 혼란스러울 수도 있습니다. 영화 속 주인공이 마티니를 주문하던 모습을 떠올려, 바에서 '마티니 베르무트'를 글라스로 주문한다거나 비싼 싱글 몰트 위스키로 하이볼을 만들어 즐기는 등 다양한 에피소드를 맞이할 수도 있습니다. 시간이 지나 칵테일 경험과 지식이 쌓이면 이와 같은 장면에 얼굴이 뜨거워질 것을 상상해봅니다. 하지만 괜찮습니다. 세상의 모든 요리와 커피와 술을 즐기는 것엔 정답이 없으며, 더욱 맛있게 즐기는 방법을 레시피로 소통할 뿐입니다. 저도 레시피를 통해 여러분이 칵테일을 더욱 맛있게 만들어 즐기고, 사랑하는 지인에게 내어놓을 칵테일에 자신감과 맛을 더해줄 예정입니다.

제가 바에서 처음으로 칵테일을 배우던 시절과 달리 오늘날엔 또 하나의 취미와 다양한 라이프스타일의 콘텐츠로 홈바, 캠핑장, 바 등에서 많은 사람이 칵테일을 즐기고 있습니다. 더 이상 바텐더의 전유물이 아니라 건전한 음주 문화와 또 하나의 즐거운 콘텐츠로 많은 이에게 다가가고 있습니다. 이 책이 그런 사람들에게 신선하고 유익한 참고서가 되었으면 하는 마음으로, 그간 바에서 익힌 경험치와 교육자로서의 지식을 아낌 없이 담았습니다. 저는 이 책을 통해 당신이 좋아하는 칵테일을 하나쯤 자신 있게 만들어 소중한 사람들과 함께 나눴으면 하는 바람입니다.

믹솔로지스트 **김봉하**

INTRODUCTION

저자인 김봉하는 청담동의 [믹솔로지]에서 다양한 창작 활동을 펼치는 오너 믹솔로지스트이자 현재 국내 최대 규모의 주류 브랜드인 FJ KOREA에서 수년간 Advocacy Manager로 활동하고 있다.

고려대학교에서 수년간 음료와 관련된 교양수업을 진행했고, 동아사회교육원과 사단법인 바텐더협회에서 믹솔로지스트 양성 과정 및 메뉴 개발 과정을 통해서 수많은 인재를 양성하기도 했으며, TV 및 매거진에 음료와 관련된 자문·출연·기고 활동을 하고 있다.

해마다 개최되는 해외 콘퍼런스를 통해 세계의 유명한 믹솔로지스트들과 다양한 시도와 연구를 하고 있으며 2012년에는 오스카 아카데미 시상식에 초청받아 프리 오스카Pre-Oscar 음료를 기획 및 운영했다.

'피즈랩 하우스 오브 피즈 토닉워터'와 '모히토닉' 음료, '믹솔로지' 시럽을 개발하여 출시했으며 레드불·아우디·벤츠·루이비통·마크제이콥스·크리스티앙 디올 등 여러 유명 브랜드에서 주최하는 파티 음료 컨설팅 등으로 왕성한 활동을 하고 있다.

저서
〈믹솔로지〉
〈홈메이드 오가닉 음료〉
〈더 아트 오브 칵테일 DIY〉

abt. ALCOHOL

바에서 소비되는 주류는 단 0.02%?
우리는 매일같이 무언가를 마십니다. 친구를 만날 때나 집에 혼자 있을 때도 그렇죠.
어쩌면 일상의 무료함을 달래기 위해 약간의 취기를 목적으로 마시는 걸지도 모릅니다.

해외에서 수입되는 한국의 주류 소비 시장 규모는 2020년 기준 1조 4,900억 달러이며 2025년까지 약 2조 2천억 달러에 이를 것으로 예상하고 있습니다. 전 세계 각 나라의 주류 소비량을 조사하는 기관인 IWSR International Wing and Spirit Record에 의하면 한국에서 소비되는 술의 종류 중 맥주가 약 54%, 소주 33%, 와인 11%를 차지하고 있다고 합니다. 그리고 망고링고나 KGB, 브라더소다 같은 RTD Ready To Drink 시장이 1%라고 합니다. 나머지 1%가 칵테일의 재료로도 사용되는 럼·진·보드카·테킬라·위스키·코냑 같은 스피릿이며 그중에서 위스키의 비중은 0.75%–약 70%가 블렌디드 스카치위스키이며 30%는 버번 위스키 및 싱글몰트 스카치 위스키–입니다. 보드카는 0.10%, 리큐르는 0.07%, 테킬라는 0.03%로 클럽과 라운지, 바에서 다양한 형태로 판매되고 있습니다.

그러지 않아도 비중이 적은데, 칵테일을 주력으로 판매하는 바에서의 소비 비중은 어떨까요? 하루 수십 수백 잔의 칵테일을 만드는 저도 시장의 주류 소비량을 정확히 알 수는 없지만, 무색·무취·무미가 특징인 보드카가 가장 큰 비중을 차지하며 그다음으로 진과 럼이 0.02%, 브랜디가 0.01%를 차지한다는 자료가 있습니다. 이 자료를 토대로 한국의 전체 주류 소비율 중 칵테일 바에서 소비되는 비율은 약 0.02%라고 추측합니다. 요즘은 사회적 거리 두기 이후 다양한 곳에서 주류와 칵테일을 소비하고 있습니다. 그 형태에 대해서도 흥미롭게 지켜보고 있습니다.

칵테일을 배워봅시다

개성과 취향이 다양해지며 하고 싶은 일도 다양하고 세분되는 추세입니다.
2000년대 초반부터 매체를 통해 요리에 사용되는 다양한 재료가 소개되면서
칵테일에도 변화가 일기 시작했습니다. 다양한 기술과 도구와 기법 등도
온라인으로 전파되면서 체계적인 지식을 습득한 바텐더가 많아졌죠. 얼음과
탄산의 중요성이 강하게 인식되기 시작한 때이기도 합니다.

한 가지 이상의 술과 재료를 다양한 기술로 빚어 오감을 만족시키는
칵테일을 여러분도 만들 수 있습니다. 물론 바에서 즐기기만 하셔도 좋습니다.
이 책으로 어떤 칵테일을 마실지, 어떤 칵테일을 만들지 배워보세요.
다음 페이지에서 이 책을 읽는 방법과 함께 가장 유명하면서도 간단한
진 토닉을 만들어볼까요? 기본적인 사항만 따르면 충분합니다.
아래의 준비를 해주세요!

얼음, 뜨거운 물을 서서히 식힌 뒤 냉동실에 보관합니다. 천천히 얼린 얼음은
투명할뿐더러 천천히 녹아서 칵테일의 맛을 일정하게 유지합니다.
여건이 된다면 글라스도 냉동 및 냉장 보관하면 얼음과의 온도 차이가 작아져
더욱 좋은 맛과 향의 팔레트가 펼쳐집니다.

토닉워터는 냉장고에 보관합니다. 퀴닌 성분을 포함한 오리지널 토닉워터가
최선이겠지만, 구하기 힘드니 퀴닌향이나 토닉향을 포함한 제품을 사용하시면
됩니다. 탄산은 냉장 온도에서 날카롭고 거친 질감을 가져 자극적인 식감을
자아냅니다.

라임과 레몬은 주스 제품을 사용하지 않습니다. 라임과 레몬은 순전히 기호에
따라 사용하면 되지만, 직접 짜서 사용해주세요. 인위적인 주스 제품은 차라리
생략하고 만드는 것이 입과 정신 건강에 좋습니다.

레시피 미리보기

GIN TONIC ← 칵테일 이름
진 토닉

향긋한 식물재료의 풍미, 은은한 시트러스, 갈증을 날리는 탄산 ← 맛 표현

↳ 얽힌 스토리

칵테일을 위한 기본적인 사항을 따르셨다면, 이 진 토닉은 향긋한 식물재료의 풍미와 함께 은은한 시트러스가 코를 감싸며 강한 탄산이 시원하게 갈증을 해소해줄 겁니다. 입 안에서 느껴지는 약간의 얼얼하고 떫은 듯한 맛은 식물의 풍미를 더욱 매력 있게 표현하죠.

진 토닉은 식전주인 아페리티프Aperitif로 많이 애음하며 기름진 음식과의 궁합도 일품이니 맥주 대신 가벼운 첫 잔으로 즐겨보세요.

- **RECIPE**　　BUILD, TALL GLASS, ABOUT 10% ABV, 140ml ← 칵테일 기법, 사용 글라스, 알코올 도수, 용량

재료 : 사용하는 순서 → 봄베이 사파이어 진 30ml (런던 드라이 진)
　　　　　　　　　　라임 1/4개 분량의 신선한 라임즙
　　　　　　　　　　피버트리 또는 피즈랩 하우스 오브 피즈 토닉워터 90ml
　　　　　　　　　　라임 웨지 1조각

↳ 만드는 방법과 주조 동영상 QR코드

- **METHOD**　① 글라스에 얼음을 가득 채우고 온도를 낮추기 위해 얼음을 충분히 젓는다.
　　　　　　② 얼음으로 생긴 물을 따라낸 후 진을 넣고, 라임즙을 짜 넣는다.
　　　　　　③ 토닉워터를 70%가량 거칠게 채우고 가볍게 젓는다.
　　　　　　④ 토닉워터를 섬세하게 글라스의 8부 정도까지 채운 후 라임으로 연출한다.

- **TASTE**
세부 맛 특징 ↗

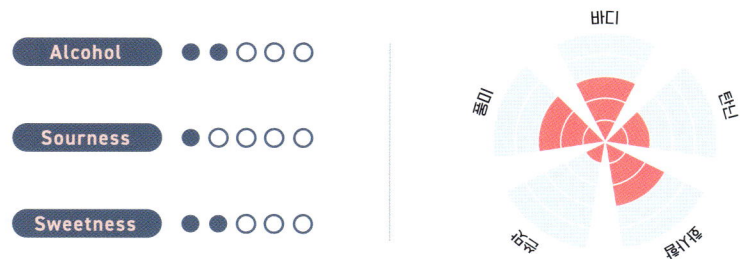

급부상한 와인 시장

여러분에게 와인은 어떤 이미지인가요? 와인에 관심이 있다면 한 번쯤은 〈신의 물방울〉이라는 만화를 들어봤을 겁니다. 아무튼, 와인은 '음식을 더 맛있게 만드는 마리아주Mariage', '건강에 좋은 한 잔', '정해진 음용법이 딱히 없어 마개만 열면 모두가 행복해진다'라는 메시지와 함께 다양한 매체의 영향으로 불과 10여 년 사이에 국내에서 와인 소비량이 5배 이상 성장했습니다. 칵테일 바보다 와인 바가 훨씬 많았고, 소믈리에도 유망 직종으로 각광 받았습니다.

와인은 '건전한 음주 문화의 확산'과 '주류는 몸에 해롭다'는 인식에서 탈피하게 만든 주인공입니다. '독하게 많이 마시기'로 자리잡혀 있던 음주 문화를 식전주와 디저트로 천천히 음미하며 와인의 품종과 와이너리에 대해 이야기를 나누는 '알고 마시기'의 형태도 있다는 걸 알렸죠. 단순히 취하기 위해 마시는 것 이상의 의미를 갖게 된 것입니다. 와인 한 병에는 생산자의 철학과 생산지의 문화가 담겨 있으니, 그것들이 자연스레 궁금해지는 것이죠.
이제는 다양한 와인을 합리적 가격에 접할 수 있습니다. 늘어난 수요 덕분에 와인 바나 레스토랑 소믈리에의 추천이 아니라 대형마트에서 쉽게 구매할 수 있습니다. 품종·생산지·어울리는 음식 등의 정보와 함께 소개하면서 말이죠. 게다가 쉽게 열 수 있는 트위스트 캡 와인이 보급되면서 와인은 더 이상 특별한 날뿐만 아니라 일상으로 스며들었습니다.

그런데 왜 와인 이야기냐고요? 오래전부터 칵테일과 아주 밀접한 관계가 있습니다. 대표적 식전주인 아페리티프Aperitif의 본고장은 이탈리아로 알려져 있는데, 그중에서 베르무트Vermouth는 피에몬테 지방이 주산지이며 주정에 다양한 식물재료를 침출시켜 숙성한 다음, 와인과 혼합해서 만든 강화 와인입니다. 과거에는 와인의 부패를 방지하기 위해서 식물재료, 높은 알코올 도수, 설탕 등을 첨가한 강화 와인을 만들었습니다.
와인 고유의 향과 맛, 미네랄을 그대로 함유하고 있으면서 부패하지 않았죠. 마티니·네그로니·맨해튼·로브 로이 등 다양한 칵테일에 사용됐습니다.
자, 칵테일을 알아봅시다.

CONTENTS

- PROLOGUE
- INTRODUCTION
- abt. ALCOHOL
  바에서 소비되는 주류는 단 0.02%?
  칵테일을 배워봅시다
  레시피 미리보기: 진 토닉
  급부상한 와인 시장

레시피 페이지에서 제공하는 QR코드를 이용해 칵테일 주조 동영상을 시청할 수 있습니다.

PART 1 칵테일 이야기

- 바가 처음이라면 ························· 20
  - 바 유형 ····························· 22
  - 바 관련 용어 ························ 23

- 유명한 칵테일 종류와 특징 ············· 26
  - 알코올 ····························· 26
  - 논 알코올 ··························· 35

- 자주 믹스하는 음료 & 주류 ············· 39
  - **COLUMN** 칵테일 세계여행: 기회가 온다면 놓치지 마세요 ········ 40

- 취향을 알기 위해 마셔 볼 칵테일 ········ 43
  - **COLUMN** 누아르 영화에 등장하는 금주법 시대와 남자의 술, 칵테일 ······ 45
  - 올드 패션드 ························· 48
  - 사제락 ····························· 50
  - 뷰 카레 ···························· 52
  - 그래스호퍼 ·························· 54
  - **COLUMN** 명대사와 얽힌 칵테일 "젓지 말고 흔들어서 마티니 한 잔" ······ 56

- 칵테일 도구 61
- 칵테일 재료 80
  - 얼음 80
  - 술 87
    - COLUMN 집에서 술을 보관하는 방법 91
  - 부재료 94
  - 풍미 및 장식 재료 96

- 칵테일 기법 99
- 칵테일 맛의 구성 118
  - COLUMN 칵테일 맛의 표현 / 700ml 술 1병으로 몇 잔의 칵테일을 만들 수 있을까? ... 120
  - COLUMN 알코올 도수 환산법 ABV 122

PART 2 / 베이스별 칵테일 레시피

- 진 베이스 127
  - 스페니시 진 토닉 128
  - 김렛 130
  - 진 피즈 132
  - 네그로니 134
  - 마티니 136
  - 브롱스 138
  - 싱가포르 슬링 140
  - 화이트 레이디 142
  - 브램블 144
  - 바질 스매시 146
  - 허브 김렛 김봉하의 칵테일 148
  - 제피르 캐러멜 김봉하의 칵테일 150
  - 칵테일 드로우 진 토닉 김봉하의 칵테일 152
  - 플로렌스 로얄 김봉하의 칵테일 154

- 보드카 베이스 157
  - 르 그랑 피즈 158
  - 코스모폴리탄 160
  - 까이피로스카 162
  - 모스코 뮬 164
  - 에스프레소 마티니 김봉하의 칵테일 166
  - 애플 마티니 168
  - 블러디 메리 170
  - 블랑 드 블랑 김봉하의 칵테일 172
  - 방돔 뮬 김봉하의 칵테일 174
  - 물랑루즈 김봉하의 칵테일 176

- 럼 베이스 ··· 179
  - 다이퀴리 ··· 180
  - 모히토 ··· 182
  - 쿠바리브레 ··· 184
  - 피냐 콜라다 ··· 186
  - 보스턴 쿨러 ··· 188
  - 올드 패션드_럼 ··· 190
  - 체리 포즈 `김봉하의 칵테일` ··· 192

- 테킬라 베이스 ··· 195
  - 바탕가 ··· 196
  - 팔로마 ··· 198
  - 마가리타 ··· 200
  - 프로즌 마가리타 ··· 202
  - 토미스 마가리타 ··· 204
  - 코코 크러쉬 `김봉하의 칵테일` ··· 206

- 위스키 베이스 ··· 209
  - 갓파더 ··· 210
  - 오리지널 하이볼 ··· 212
  - 위스키 사워 ··· 214
  - 뉴욕 ··· 216
  - 맨해튼 ··· 218
  - 아이리시 러스티 네일 `김봉하의 칵테일` ··· 220
  - 페니실린 ··· 222
  - 버번 스트릿 `김봉하의 칵테일` ··· 224
  - `COLUMN` 나만 알고 싶은 위스키 SMWS ··· 226

- 럼·진·보드카·테킬라가 다양하게 들어가는 칵테일 ··· 228
  - 블루 하와이 ··· 230
  - 롱아일랜드 아이스티 ··· 232

- 리큐르 베이스 ··· 235
  - 디사론노 사워 ··· 236
  - 피치 크러쉬 ··· 238
  - 준 벅 ··· 240
  - 블루 사파이어 ··· 242
  - `COLUMN` 리큐어 ··· 245

- 와인 베이스 ··· 247
  - 뉴욕 사워 ··· 248
  - 프렌치 75 ··· 250
  - 화이트 상그리아 `김봉하의 칵테일` ··· 252
  - 생제르맹 스프리츠 ··· 254
  - 키르 로얄 ··· 256
  - 미모사 ··· 258
  - 벨리니 ··· 260

- 맥주 베이스 ··· 263
  - 미켈라다 ··· 264
  - 인텐스 하이볼 `김봉하의 칵테일` ··· 266
  - 블랙 벨벳 ··· 268
  - 레드 아이 ··· 270

- 논 알코올 칵테일 ··· 273
  - 에스프레소 마티노 `김봉하의 칵테일` ··· 274
  - 노 물 `김봉하의 칵테일` ··· 276
  - 코스노폴리탄 `김봉하의 칵테일` ··· 278

- 따뜻한 칵테일 ··· 281
  - 뱅쇼 ··· 282
  - 핫 토디 ··· 284
  - 아이리시 커피 ··· 286

PART 3 / 최소 준비로 홈-바 만들기

- 최소 주류로 홈-바 만들기 291
- 최소 도구와 기술로 홈-바를 운영하는 방법 292
- 칵테일 파티를 위한 대량 주조 방법 295
- 칵테일 파티를 위한 샷 칵테일 296
  - 블랙 & 블랙 298
  - 디톡스 300
  - 비-52 302
  - 브레인 304
  - 레몬 드롭 306

- 칵테일 창조의 방정식 308
- 토닉워터 개발 이야기 | FIZZ LAB HOUSE OF FIZZ TONIC WATER 310

PART 1

칵테일 이야기

칵테일이 처음인 분들을 위해 칵테일 바의 유형과 용어들을 알아보고, 즐겨오던 분들도 재미있게 읽을 수 있는 칵테일의 종류와 특징, 거기에 얽힌 재미난 이야기를 소개합니다. 꼭 마셔볼 칵테일, 내 취향을 알기 위한 칵테일 등을 하나하나 알아가 봅시다.

바가 처음이라면

우리는 영화나 드라마의 한 장면에서 간접적으로 바를 경험하곤 합니다. 때로는 연인들이 사랑을 속삭이기도 하고, 일상의 정해진 루틴으로 퇴근길에 들르는 사람도 있고, 중요한 비즈니스를 위해 대화를 나누는 이들도 있습니다. 이렇게 다양한 장면에서 바를 경험하며 언젠가는 저 주인공처럼 바에서 칵테일을

즐겨보겠다는 생각을 하죠. 여느 술집을 가듯 바의 문을 열고 들어가면 그만이겠지만, '혼자여도 괜찮을까…, 비싸진 않을까…, 뭘 마셔야 하지?' 등 여러 걱정으로 문턱이 높게만 느껴집니다. 단 한 번만 용기를 내어 경험하면 어렵지 않다는 것을 알 수 있고, 눈앞에 놓인 술병들이 잠시나마 마음을 편안하게 만들어 줄 겁니다.

바가 처음인 분이시라면 먼 곳보다는 가까운 곳을 먼저 경험하시기를, 유명한 곳보다는 접근성이 좋고 합리적인 바를 먼저 경험하시길 추천 드립니다. 언젠가 자신의 단골 바를 찾게 될 테지만, 다음 페이지에 소개할 내용들을 참고하면 좋을 것 같아요.

바 유형

위스키 바 · 칵테일 바 · 오센틱 또는 클래식 칵테일 바 · 모던 바 · 웨스턴 바. 이렇게 다양하게 바의 유형을 분류하고 있습니다. 틀에 딱 맞게 정형화되어 있는 것은 아니라서, 제가 아는 내용을 공유하자면 이런 느낌이에요.

과거에는 인테리어 분위기에 따라 모던 바와 웨스턴 바로 나뉘었습니다. 대리석 · 철 · 가죽으로 만든 의자처럼 현대적인 느낌의 소재로 분위기를 구성하면 모던 바라고 불렀죠. 국내에서는 TGI FRIDAY가 진출하면서 칵테일 바가 확산하기 시작했는데, 아메리칸 바와 흡사한 스타일로, 펍과 흡사한 분위기 속에서 가끔은 플레어 바텐더의 활기찬 에너지를 경험할 수 있는 곳을 웨스턴 바라고 불렀습니다.

특정 주류 카테고리의 비중에 따라 위스키 바(몰트 바) · 칵테일 바로 나뉘며 두 가지 모두로 불리는 곳도 있습니다. 칵테일 바는 절도 있게 만들어 내는 느낌의 클래식 칵테일 바와 유럽의 부다 바와 호텔 코스테스 바처럼 캐주얼 하면서도 시그니처 칵테일을 주로 내세우는 바도 있습니다.

정작 바를 찾는 사람들은 이런 유형에 얽매이기보다는 바텐더와 칵테일, 바의 분위기를 본인의 취향에 따라 선택하고 즐깁니다. 저 역시도 칵테일의 분위기와 그날의 콘셉트에 따라 다양한 바를 즐깁니다.

바 관련 용어

바 카운터 Bar Counter

유럽의 술집에서 고객의 말을 매어 놓기 위해 가게 옆에 말뚝을 박고 가로장Bar을 달아 놓은 데서 유래했다고 합니다. 16세기경 영국에서는 바텐더 앞의 술과 음식을 내어놓는 높은 테이블을 카운터라고 했고, 바텐더가 서 있는 안쪽 공간을 바라고 불렀습니다. 현재는 바 카운터 혹은 바를 같은 의미로 사용하고 있습니다.

논 알코올과 모크테일
Non-Alcohol & Mocktail

알코올이 없어도 바의 분위기와 칵테일을 즐길 수 있습니다. 논 알코올을 즐기길 추천합니다. 가상Mock이라는 뜻을 더한 모크테일Mocktail이라는 표현도 있습니다.

피즈 Fizz

탄산음료의 뚜껑을 열 때 생기는 의성어로 알려져 있는데, 탄산이 들어가는 칵테일을 일컫기도 합니다. 'OOO 피즈'라고 표기된 칵테일을 본다면 '탄산이 들어간 칵테일이구나'라고 이해하시면 됩니다.

백 바 Back Bar

바텐더 뒤쪽의 술과 글라스가 즐비한 선반류를 가리킵니다. 백 바에 놓인 다양한 술을 보며 '무얼 마실까' 고민도 하고, 멍하니 생각에 잠기기도 좋은 단순한 보관대 이상의 의미를 가진 공간입니다.

드라이 Dry Type

바에서는 '건조하다'라는 의미가 아니라 알코올이 비교적 강한 스타일의 칵테일 또는 술을 의미합니다. 알코올 도수가 높은 칵테일을 추천받고 싶다면 "오늘은 드라이한 칵테일로 마시고 싶다"라고 말해보세요.

사워 Sour

신맛을 표현하는 단어. 칵테일에서 'OOO 사워'라고 표기되어 있다면 베이스가 되는 술에 레몬 또는 라임의 즙과 달걀흰자가 들어가는 유형입니다. 유제품이 없던 시기, 칵테일에 부드러운 질감을 더하기 위해 달걀흰자를 사용했고, 주로 새콤달콤한 칵테일이었다고 합니다. 디사론노 사워, 피스코 사워, 위스키 사워 등.

니트와 온더락 Neat & On the rock

위스키 등의 스피릿을 주문할 때면 가끔, 바텐더가 "니트(혹은 온더락)로 드릴까요?"라고 물어봅니다. 니트는 얼음 없이 천천히 음미하는 유형을 말하며 테이스팅 글라스에 제공됩니다. 온더락은 글라스 명칭으로도 사용되지만, 얼음과 함께 즐기는 음용법을 뜻하기도 하며 낮은 글라스에 제공됩니다.

캐스크 스트랭스 Cask Strength

바에는 무척 진하고 강한 풍미의 위스키도 있습니다. 오랜 시간 캐스크에 보관된 원액을 그대로 병에 넣은 위스키를 캐스크 스트랭스라고 하며 알코올 도수는 50도가 넘는 게 일반적입니다. 그 맛과 향이 다른 위스키와 비교할 수 없을 만큼 진하고 풍부합니다.

테이스팅 글라스 Tasting Glass

바에서는 위스키를 테이스팅 글라스에 담아 제공합니다. 주로 튤립 모양의 글라스를 사용하는데 리델 RIEDEL · 슈피겔라우 SPIEGELAU 등 다양한 브랜드가 있지만 가성비가 뛰어난 글렌캐런 GLENCAIRN 브랜드를 널리 사용합니다. 테이스팅 글라스와 글렌캐런 글라스가 같은 의미로 사용됩니다.

스터러 Stirrer

바에서 긴 대화를 나누거나 깊은 생각에 잠기면 칵테일이 방치되곤 합니다. 혹은 진이나 보드카를 직접 음료와 혼합할 때라면 "스터러 좀 주세요"라고 말하세요.

숏드링크 Short Drinks

마티니 · 맨해튼 · 김렛 · 다이퀴리처럼 알코올 도수가 낮지 않은 칵테일로, 스터 또는 셰이크 기법을 사용해 베이스가 되는 주류의 특징이 도드라집니다. 칵테일의 온도가 상승하기 전에 마셔야 맛있으므로 보통 3분 안에 2~3모금으로 마시기를 추천합니다.

피트 Peat

우리말로 '이탄'이라 불리는 피트는 이끼 · 꽃(헤더) · 풀 등의 식물이 수 세기에 걸쳐 습지와 연못에 퇴적된 것으로, 위스키를 만드는 공정에서 보리를 건조 및 훈연하는 데 사용됩니다. 향이 아주 특별해 위스키에 매력적인 풍미를 더합니다. 바에서는 '부드러운 위스키, 꽃향, 과일향, 스모키한 위스키'와 같은 표현 방법으로 사용되기도 합니다.

롱드링크 Long Drinks

진 토닉과 하이볼처럼 큰 잔에 스피릿과 함께 음료를 혼합한 칵테일을 말합니다. 얼음이 들어가며 용량이 크고 비교적 천천히 마십니다. 알코올이 강하게 느껴지는 칵테일이 부담스러울 때나 첫 잔으로 선택하기 좋습니다.

유명한 칵테일 종류와 특징

알코올 Alcohol

저는 청담동 일대의 바에서 약 18년간 칵테일을 만들고 있는데요, 고객이 많이 찾는 칵테일이 있기 마련입니다.

언젠가는 자신이 좋아하는 칵테일을 첫 잔으로 주문하게 되겠지만, 우선은 인기 있는 칵테일의 종류와 재미있는 스토리를 알아보고, 이를 통해 그 칵테일 한 잔을 더욱 맛있게 느끼시면 좋겠어요.

위스키 하이볼 Whisky Highball

증기 기관차의 보일러 압력공 형태와 유사하다고 붙여진 이름입니다.

1800년대 후반, 위스키의 강한 알코올을 즐기지 못하는 지인들을 위해 토미 듀어 Tommy Dewar가 탄산수를 곁들여 제공한 것이 시초라고 합니다.

이후 영국의 한 배우에 의해 뉴욕으로 전해졌고, 개화기 시기에 일본으로 건너가 다양한 형태의 하이볼이 만들어졌습니다. 위스키와 얼음, 탄산수만 있으면 깔끔하고 향긋한 위스키의 풍미를 즐길 수 있는 하이볼.

맥주를 즐겨하지 않는 이들에게도 많은 사랑을 받고 있으며 다양한 음식과 잘 어울립니다.

진 토닉 Gin Tonic

인도가 영국에 통치받던 시기는 진을 처음으로 토닉과 혼합한 시기이기도 합니다. 얼음이 담긴 잔에 진을 넣고, 그 위에 토닉워터를 부어 만드는 가장 대중적인 칵테일입니다. 일반적으로 라임이나 레몬의 즙을 짜 넣어 즐기죠. 기분 좋은 청량감과 은은한 진의 풍미, 적절한 산미가 느껴지는 진 토닉은 첫 잔으로도 좋고, 기름진 음식과 함께하면 더욱 조화롭습니다.

모스코 뮬 Moscow Mule

머그컵 모양의 글라스에 담기는 칵테일로 1941년 미국의 존 마틴John Martin이 개발했고, 생강음료인 콕 앤 불COCK'N BULL 진저비어 음용법이 확산되면서 유명해졌습니다. 알싸한 생강의 풍미와 라임의 시트러스, 기분 좋은 탄산감과 손에서 느껴지는 차가운 촉감은 더위를 잠시나마 잊게 해줍니다.

올드 패션드 Old Fashioned

에스프레소 뒤에 밀려오는 기분 좋은 설탕의 단맛처럼, 위스키의 진한 풍미와 비터스와 설탕의 조화가 안겨주는 맛의 변화는 단순하면서도 복잡 미묘한 풍미를 자아냅니다. 올드 패션드는 1806년경 처음으로 언급되었지만, 오늘날의 모습과는 거리가 있습니다. 1880년 켄터키주 루이빌의 사교 클럽인 펜데니스 클럽에서 시작된 것으로 전해지고 있습니다.

네그로니 Negroni

지금은 존재하지 않는 이탈리아 피렌체의 카페 카소니 Caffe Casoni에서 탄생했습니다. 네그로니 Camillo Negroni 백작이 바텐더인 포스코 스카셀리 Pascal Scarscelli에게 캄파리와 스위트 베르무트를 혼합해 만드는 칵테일 아메리카노의 도수를 더 높게 만들어 달라고 한 것에서 유래합니다. 아메리카노에 진을 추가하고 레몬 대신 오렌지로 연출한 형태가 지금까지 많은 사랑을 받고 있습니다. 쌉싸름하고 향긋해 진한 여운을 주는 칵테일입니다.

김렛 Gimlet

1867년, 바다에서 생활하는 선원들의 괴혈병을 피하고자 라임 섭취가 장려됐고, 마시기 좋게 진과 혼합해 즐긴 것에서 유래했습니다. 상하지 않도록 당도가 포함된 라임 액체인 라임 코디얼의 생산은 스코틀랜드 사람인 로클린 로즈 Lauchlin Rose가 맡았고, 외과 전문의인 토마스 김렛 Thomas Desmond Gimlette이 진과 혼합하는 아이디어를 냈습니다.

디사론노 사워 Disaronno Sour

아마레토 Amaretto는 불어로 '향긋하고 쓰다'라는 뜻의 아마로 Amaro와 '사랑'을 뜻하는 아모레 Amore를 합쳐 '쓰라린 혹은 아련한 사랑 bitter love'을 의미합니다. 이런 스토리를 간직한 아마레토의 대표 브랜드인 디사론노에 달걀흰자와 레몬을 강하게 셰이킹해서 만드는 칵테일이 디사론노 사워입니다. 부드러운 거품에 이어 달콤하고 새콤한 맛 뒤에 이어지는 향긋함은 입과 기분을 즐겁게 해줍니다.

다이쿼리 Daiquiri

1898년 스페인이 쿠바에서 떠난 이후로 미국은 쿠바의 경제적 발전 지원을 위해 광산 기술자인 제닝스 콕스 Jennings Cox를 쿠바의 산티아고 다이쿼리 광산으로 파견했습니다. 강한 술을 즐기지 못하는 제닝스 콕스가 생각보다 힘든 현장을 견디기 위해서 쿠바에 즐비한 럼·설탕·라임즙을 얼음과 함께 흔들어 즐겼습니다. 이 칵테일이 광부들 사이에서 인기를 끌며 쿠바 전역으로 퍼져 나갔습니다.

미국의 금주법 시대에 쿠바로 여행 온 많은 미국인이 이러한 칵테일을 접했고, 금주법 시대가 끝나자 미국 전역으로 더욱더 확산하며 전 세계에 알려졌습니다.
또한 얼음을 넣고 갈아낸 프로즌 다이쿼리는 헤밍웨이 Ernest Hemingway가 죽기 전날까지 마신 칵테일로 유명합니다. 향긋하고 달콤한 럼의 매력적인 풍미와 적절한 라임의 산미가 강렬한 더위를 잠시나마 잊게 합니다.

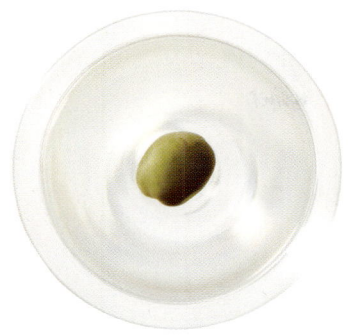

드라이 마티니 Dry Martini

1887년에 미국 칵테일의 아버지라 불리는 제리 토마스Jerry P. Thomas가 캘리포니아 알람브라 코너에 위치한 마티니의 생가를 기념하기 위해 마르티네즈라는 칵테일을 만들었습니다. 드라이 마티니의 청사진으로 알려진 칵테일이며 진과 비터스, 베르무트, 마라스키노가 들어갑니다. 현재의 드라이 마티니는 이탈리아를 대표하는 베르무트를 만드는 마티니사 Martini & Rossi ®에 의해 개발되어 전 세계로 알려져 사랑 받고 있습니다. 마티니는 '칵테일의 왕'이라 불리며 진과 베르무트의 배합과 만드는 사람의 철학과 기술에 의해 그 맛의 스펙트럼이 넓습니다. 진의 단단하고 진한 느낌과 향긋한 풍미가 베르무트와 만나 더욱 매력적인 맛과 향을 연출합니다.

에스프레소 마티니 Espresso Martini

향긋한 커피 내음과 벨벳 같은 질감이 매력적으로 느껴지는 마티니 스타일의 칵테일입니다. 바가 아닌 레스토랑이나 카페에서도 자연스레 적용할 수 있는 새로운 문화를 만든 칵테일입니다. 1984년 런던 소호의 레스토랑에서 있었던 에스프레소 마티니의 탄생 스토리가 유명합니다. 런던의 톱 모델이 '잠이 달아나면서도 취할 수 있는 음료'라는 까다로운 주문을 하자 딕 브래드셀Dick Bradsell은 임기응변으로 커피와 보드카를 결합한, 마티니 형태의 최초의 차가운 커피 칵테일을 만들었습니다. "커피 머신이 음료를 제공하는 곳 바로 옆에 있었고, 그 당시에는 모든 사람들이 보드카를 즐겼습니다."라고 말했다고 합니다.

모히토 Mojito

모히토는 쿠바를 대표하는 럼·설탕·라임즙·탄산수로 만드는 칵테일을 가리키는 명사입니다. 이름은 스페인어로 맛있는 요리를 제조하는 행위를 표현하는 '조금 젓는'이라는 뜻의 Mojar(모하)와 '음식을 양념에 재우다'라는 뜻의 Mojadito(모하디토)에서 그 유래를 찾을 수 있습니다. 여러 과정을 거쳐 지금은 '음식을 재우다'라는 뜻의 Mojito(모히토)로 알려졌습니다. 16세기 프랜시스 드레이크 Fransis Drake가 평소 즐겨 마셨다는 엘 드라케에서 모히토의 흔적을 볼 수 있습니다. 무더운 날씨에 모히토 한 잔을 즐기고 있노라면 몰디브에 있는 것 같은 느낌은 기분 탓이겠죠.

유명한 칵테일 종류와 특징

논 알코올 Non-alcohol

칵테일에서의 논 알코올은 술이 포함된 칵테일과 흡사한 형태에서 알코올만 배제된 음료를 의미합니다. 따라서 칵테일을 주문할 때 '논 알코올/모크테일'이라는 말을 덧붙이면 좋습니다. 간혹 소통의 오류로 술이 든 칵테일을 반쯤 마신 뒤 '논 알코올이 아닌데?'와 같은 상황이 벌어질 수 있기 때문입니다. 저는 논 알코올 칵테일에 특히 신경을 쓰는 편인데요, 제조 원가에서 알코올의 비용이 절감되는 대신 더욱 세심한 손길과 정성이 그 빈자리를 충족시킨다고 생각하기 때문이죠. 그럼, 쉽게 접근할 수 있는 논 알코올 칵테일 메뉴를 알아볼까요?

스퀴즈 Squeeze

'짜낸다'라는 뜻이며 레몬·라임과 같은 시트러스 재료의 과즙을 짜는 행위를 표현합니다. 레모네이드와 흡사하지만, 에이드는 과즙과 물의 혼합으로 만드는 음료이고, 스퀴즈는 과즙과 탄산수의 혼합으로 구성됩니다. 레몬 스퀴즈는 신선한 레몬의 상큼한 즙과 적당한 단맛, 탄산수를 곁들이는 새콤달콤 청량감이 깃든 칵테일입니다.

피냐 콜라다 Pina Colada

피냐Pina는 '잘 익은 파인애플'을 뜻하며, 여기에 코코넛 워터 또는 코코넛 크림, 럼을 넣어 만드는 칵테일입니다. 럼을 넣지 않으면 논 알코올 피냐 콜라다가 되고, 더욱 달콤하고 향긋하게 파인애플과 코코넛의 중독성 있는 맛을 즐길 수 있습니다. 과거 TGIF와 웨스턴 바에서는 '피냐 믹스'를 대량으로 만들어두고 피냐 콜라다, 보드카를 넣은 치치, 딸기와 바나나를 넣은 골든 메달리스트 등을 만들었습니다.

모스코 뮬 Moscow Mule

알코올을 덜어내고 알싸한 생강의 풍미와 상큼한 라임, 청량감이 가득한 진저에일(또는 진저비어)로 만든 논 알코올 모스코 뮬도 인기입니다. 저는 저그에 생강 조각과 라임즙, 약간의 설탕을 넣고 충분히 갈아서 농축액을 얻은 뒤 한 번 거른 다음 얼음과 함께 진저에일을 넣어서 만듭니다. 청담동 르챔버와 일부 바에서는 생강·레몬·라임즙과 설탕을 넣고 간 다음 서늘한 곳에서 며칠 발효해 소다건에 넣어 사용합니다. 더욱 향긋하고 깊은 풍미를 연출하기 위한 바텐더의 세심한 노력이랄까요.

모히토 Mojito

쿠바리브레를 논 알코올로 주문하면 얼음이 든 잔에 콜라와 라임즙이 담긴 칵테일을 받게 되는데요. 이렇게 술의 비중이나 특징이 명확한 칵테일을 논 알코올로 만든다는 건 다소 억지일 수 있습니다. 모스코 뮬 · 피냐 콜라다 · 모히토처럼 사용되는 술의 특징을 덜어내도 풍미가 진하고 맛이 있는 칵테일들이 논 알코올로 구현되는 것입니다. 이 외에도 티를 이용한다거나 과일과 허브와 탄산수를 이용하는데요. 제가 직접 만든 논 알코올 칵테일을 PART 2에서 다루겠습니다.

자주 믹스하는 음료 & 주류

토닉워터 Tonic Water

19세기 무렵 영국군이 말라리아 치료제로 탄산수에 퀴닌 성분을 넣어 마신 것이 시초입니다. 1860년에 하샬Joseph Hassall 박사에 의해 과학적 성분이 입증되었습니다. 칵테일로는 진 토닉에 사용되던 것이 전부였는데, 오늘날엔 보드카 등의 다양한 스피릿과 함께 주류의 풍미를 살리고 청량감이 깃들게 하는 믹서로 가장 많이 사용됩니다.

탄산수 Soda Water

아무런 맛과 향이 첨가되지 않은 탄산수는 위스키와 혼합해 스카치 하이볼 칵테일로 음용됩니다. 기분 좋은 청량감과 깔끔한 목 넘김으로 위스키의 다른 매력에 빠져들게 합니다. 해외에서는 'ㅇㅇㅇ soda'라는 음용법이 꽤 많이 소개되고 있는데, ㅇㅇㅇ 주류와 탄산수를 혼합한 것입니다.

진저에일 Ginger Ale

개운하게 느껴지는 생강의 풍미, 그리고 적절한 산미와 단맛이 느껴지는 진저에일은 코냑과 위스키와 혼합해 즐기는 탄산음료입니다. 보드카와 라임즙을 혼합해 모스코 뮬로 즐기기도 합니다.

크랜베리주스 Cranberry Juice

2000년대 초반, 세계적으로 각광 받던 스피릿은 보드카였습니다. 다양한 매체에서 '보드카 크랜베리'가 소개되었고, 마치 트렌디한 칵테일처럼 바와 클럽에서 인기를 누렸습니다. 크랜베리의 상큼하고 비터한 느낌, 매력적인 붉은 컬러. 오늘날에는 보드카를 주문하면 함께 나오는 세트 메뉴처럼 인식되고 있습니다.

자몽주스 Grapefruit Juice

핑크빛이 감도는 달콤한 주스와 노란색의 상큼한 주스로 나뉩니다. 보드카와 혼합해 즐기기도 하지만, 진과 혼합해서 진 앤 주스Jin&Juice로 즐기면 더욱 매력적인 맛과 향을 즐길 수 있습니다.

스파클링 와인 Sparkling Wine

샴페인과 프로세코도 스파클링 와인의 범주에 속합니다. 대부분 식전주나 그 자체로 음용하지만, 다양한 리큐르와 함께라면 또 다른 식전주나 칵테일로 음용할 수 있습니다. 마티니 베르무트와 혼합한 마티니 로얄, 카시스 리큐르와 혼합한 키르 로얄, 오렌지주스와 혼합한 미모사, 피치 트리와 결합한 벨리니 등이 있습니다.

[COLUMN]

칵테일 세계여행: 기회가 온다면 놓치지 마세요

세상엔 무수히 많은 칵테일이 존재해서, 저도 수많은 레시피북을 구매하며 보고 있습니다. 클래식 칵테일이라 불리는 역사와 전통의 흔적을 지닌 칵테일도 있고, 바와 바텐더의 유명세와 함께 세상에 알려진 모던 클래식 칵테일도 있습니다.

모던 클래식 칵테일

멕시코 과달라하라를 들르게 된다면, 거기서 30분 거리인 테킬라 타운에 꼭 가봐야 할 곳이 있는데요. 라 카필라 La Capilla라는 바입니다. 나이프 하나로 칵테일을 만드는 장소로 알려지며 일명 바탕가 바 Batanga Bar라고도 합니다. 100% 블루 아가베 테킬라와 콜라 · 라임 · 소금으로 만드는 칵테일의 맛의 조화가 일품입니다. 자몽 소다와 함께 진한 테킬라를 즐길 수 있는 '팔로마 칵테일' 역시 꼭 경험해 봐야 합니다.

클래식 칵테일

쿠바 여행을 떠난다면 헤밍웨이의 자취를 따르게 되실 텐데요. 그러다 보면 엘 플로리디타 El Floridita라는 바를 만날 수 있습니다. 이곳의 프로즌 다이퀴리를 경험하면 여름이 절로 기다려진다고 합니다. 또한, 쿠바의 모히토는 라 보데기타 La Bodequita del Medio에서 오리지널의 맛을 즐겨보시면 좋을 것 같아요.

쿠바나 멕시코에 간다면, 미국의 뉴올리언스를 거쳐 올드 패션드 · 사제락 · 뷰 카레와 같은 칵테일을 경험해도 잊지 못할 추억이 될 듯합니다.

싱가포르라면 레플스 호텔 Reffles Hotel의 싱가포르 슬링, 이탈리아 피렌체의 카페 카소니 Caffe Casoni에서는 네그로니와 아메리카노, 프랑스 파리의 해리스 뉴욕 바 Harry's New York bar에서는 블러디 메리와 그래스호퍼, 프렌치 75, 사이드카를 꼭 마셔보시길 추천합니다.

우리의 일상에서 여행이라는 특별한 순간은 오래 간직할 기억과 추억이 됩니다. 그 순간 내 손에 쥔 한 잔의 칵테일의 맛과 향, 스토리를 함께하면 더욱 의미 있는 추억이 되겠죠.

취향을 알기 위해 마셔 볼 칵테일

칵테일은 마치 보석처럼 다양한 컬러와 디자인으로 발전되어 왔고,
현대 사회에서도 그 역할이 크게 다르진 않습니다. SNS를 위한 칵테일
한 잔이라면 맛과 향보다 컬러와 디자인이 우선일 수 있는 것이죠.

비교적 가볍고 편안하게 마실 수 있는 진 토닉 · 위스키 하이볼 · 보스턴 쿨러 ·
진 피즈 · 모스코 뮬 · 스푸모니 등의 칵테일은 식전주와 첫 잔으로 즐기기 좋습니다.
화이트 와인과 흡사한 알코올 도수이므로 은은한 베이스 술의 풍미와 청량감을
즐기고 싶다면 추천합니다.

여름과 잘 어울리거나 술의 맛보다는 달콤하고 새콤한 맛인 준 벅 · 피치 크러쉬 ·
섹스 온 더 비치 · 블루 하와이 · 블루 사파이어 · 싱가포르 슬링 · 피냐 콜라다 ·
모히토 등은 비교적 화려한 가니시로 만들어지는 트로피컬 혹은 웨스턴
칵테일입니다. 옛날에는 이런 칵테일들로 입문했다고 하니, 한 번쯤 시도해 보면
좋을 거 같아요.

술을 즐기는 사람이나 칵테일을 자주 접하는 사람이라면 다이퀴리 · 김렛 ·
사이드카처럼 비교적 스피릿의 단단한 맛으로 풍미가 진한 것들을 추천합니다.
드라이 마티니 · 맨해튼 · 로브 로이 · 올드 패션드 · 네그로니 · 불바디에 등
술과 술이 구성을 이루고, 드라이하며, 각 스피릿의 특징과 밸런스에 초점을 맞춘
칵테일을 즐기려면 시간과 경험이 조금 필요한 편입니다.

COLUMN

누아르 영화에 등장하는 금주법 시대와 남자의 술, 칵테일

우리가 생각하는 술의 이미지는 일반적으로 '쓰고 독하며, 건강을 해친다'이지만, 세계적으로 다양한 국가에서 그리고 각기 다른 역사 속에서 술은 그와 반대의 역할을 해왔습니다. 오래전 수도승들은 인간의 고통을 치유하기 위해 '아쿠아비테'라는 생명의 물을 만들었는데, 다양한 약초로 만든 술이었습니다. 영국의 '진'도 해열제 역할로 많은 이들을 치료하는 데 사용되었으며, 러시아와 폴란드의 '보드카'는 추위를 이겨내게 만드는 생명의 물이었습니다.

이러한 술이 미국에서는 삶에 활기를 불어넣는 형태로 확산했지만, 1919년부터 1934년까지 미국 전역에서 알코올 음료의 제조 · 판매 · 교환 · 운송 · 수출입을 전면 금지하는 금주법이 시행됐습니다. 19세기 이래로 꾸준히 목소리를 높여온 금주 운동가들이 알코올이야말로 하층 노동자계급의 빈곤과 근무 태만과 가정 폭력의 원인이라 지목했으며 제1차 세계대전에서의 승리를 위해서도 금주법이 필요하다고 주장했기 때문입니다.
이 주장에 시민들과 산업가들이 합세했고, 급격한 도시화에 거부감을 느끼던 농민들과 미국의 적대국인 독일에 반감을 품은 미국인들이 독일이 주도하는 맥주 산업이 고사되길 원하면서 곧 알코올의 전면 금지 요구로까지 이어진 것입니다.

그렇게 금주법이 시행되어 미국의 국민주인 버번 위스키와 라이 위스키가 모두 하수구에 버려졌고, 숨긴 술이 발견되면 보안관에게 끌려가 고문을 당하기도 하고, 심지어 처형당하는 등 아주 엄한 처벌이 뒤따랐다고 합니다. 여러분, 상상해 보세요. 약 15년 동안 술을 마실 수 없게 된다면 어떻게 하시겠어요? 맞습니다. 술을 마시기 위해 배와 비행기를 타고 가까운 나라로 여행을 떠나겠죠. 많은 미국인이 술을 마시기 위해 가까운 쿠바로 배를 타고 떠났고, 이때 즐겼던 술이 바로 쿠바를 대표하는 럼입니다. 값싼 럼은 미국인들을 매료시켰고 모히토 · 다이퀴리 · 쿠바리브레 · 피냐 콜라다와 같은 칵테일이 세계적인 칵테일이 된 배경이기도 합니다.

역사학자들 사이에서 금주법이 효용 있었는가에 대한 의견은 분분하지만, 이 법이 처음부터 끝까지 전부 엉망진창 대실패였다는 것에는 의견이 일치합니다. 무엇보다 범죄율이 치솟았고, 많은 시민이 지하실에서 밀주를 만들었으며, 갱단은 깊은 산속에서 불법 술 공장을 운영했습니다.
주류 밀매자bootlegger들이 이런 밀주를 무허가 술집Speakeasy에 유통시켜, 많은 돈이 범죄자들의 호주머니로 들어갔습니다.
이때 성장한 범죄 조직들은 오늘날까지 뿌리 뽑히지 못하고 있습니다.
누아르 영화라면 등장하는 요소이기에 한 번쯤은 그 시대를 관찰해 보셨을 거예요. 미국 시카고를 중심으로 조직범죄단을 이끌었던 전설적인 갱단 두목 알 카포네. 영화 〈The Godfather〉를 통해 친숙한 이미지이지만, 수많은 폭력·살인 사건을 배후에서 지휘한 위험한 인물입니다. 당시 금주법 시대 암흑가의 폭력조직을 묘사한 다양한 영화가 개봉되기도 했습니다.

이 시기에 유명했던 미국 바텐더들은 생계와 기술 연마를 목적으로 미국을 떠났습니다. 많은 바텐더가 가까운 쿠바를 거쳐 유럽 전역에 아메리칸 스타일의 바를 열었습니다. 대부분 스피릿 베이스의 칵테일을 제공했습니다.
이러한 이유로 오늘날의 세계적인 칵테일에는 미국에서 탄생한 칵테일과 쿠바를 대표하는 칵테일들이 많습니다.
물론 미국 내에서도 금주법 시기를 거친 뒤에 칵테일 문화가 더욱 발전했습니다. 뉴올리언스 지역을 중심으로 사제락, 뷰 카레, 그래스호퍼 등 미국을 대표하는 세계적인 칵테일이 있습니다.

자, 그럼 칵테일의 선진국인 미국을 대표하는 칵테일에는 어떤 것들이 있을까요? 진 토닉을 제외하면 세계적으로 가장 많이 판매되는 올드 패션드! '구닥자리, 구식'이라는 뜻을 지녔지만, 정작 그 의미는 '전통적인 방법으로 만들다'입니다. 금주법 시대를 거쳐 지금까지 꾸준히 사랑받는 올드 패션드와 다른 칵테일도 만들어 볼까요?

OLD FASHIONED
올드 패션드

단단한 위스키의 풍미와 우드, 스파이시, 캐러멜의 단맛이 은은하며 기분 좋은 오렌지의 시트러스 풍미

일반적인 집에는 향을 돋구는 비터스가 없을 테니 진한 커피 한두 방울 정도로 대체합니다. 얼음이 녹으며 각 재료의 섬세한 풍미가 더욱 매력적으로 다가오는 칵테일입니다. 혼술을 즐길 때 한 번쯤 시도해보시면 좋을 거 같아요.

- **RECIPE**

    OLD FASHIONED GLASS, ABOUT 35% ABV, 90ml

    각설탕 2개
    앙고스투라 비터스 2-3방울
    버번 위스키 혹은 라이 위스키 60ml
    오렌지 껍질

- **METHOD**

    ① 글라스에 각설탕 1-2개를 취향에 따라 넣는다.
    ② 비터스를 각설탕에 떨어뜨리고 살짝 으깬다.
    ③ 위스키를 30ml 정도 넣고 설탕 녹이듯 젓는다.
    ④ 글라스 반만큼 얼음을 채우고 충분히 저어가며 동일한 술을 조금씩 넣는다.
    ⑤ 오렌지 껍질을 글라스 위에서 비틀어 향을 더한다.
    ⑥ 마라스키노 체리를 추가로 연출해도 좋다.

- **TASTE**

    Alcohol ●●●●●
    Sourness ●○○○○
    Sweetness ●●○○○

SAZERAC
사제락

매력적인 향신료의 풍미, 향긋한 코냑과 위스키의 조화, 단단한 알코올의 밸런스가 주는 깊은 풍미

미국 뉴올리언스의 공식 칵테일 중 하나인 사제락은 원래 주재료로 사용된 코냑 브랜디의 Sazerac de Forge et Fils 브랜드 이름을 따서 탄생한 칵테일입니다. 지금은 사제락을 만들 때 코냑과 위스키를 함께 사용하고 있지 만, 미국에서 압생트의 판매가 금지되던 시절에도 갖가지 재료로 대체해 만들었을 정도로 인기 있었던 칵테일입니다. 미국에서 가장 오래된 칵테일이라고도 알려져 있습니다.

• **RECIPE** OLD FASHIONED GLASS, ABOUT 35% ABV, 90ml

압생트 5ml
각설탕 2개
페이쇼드 비터스 3대시
앙고스투라 비터스 3대시
차가운 물 10ml
라이 위스키 40ml
코냑 40ml
레몬 껍질

• **METHOD**

① 글라스에 압생트를 넣고 글라스를 돌려가며 안쪽 부분을 골고루 코팅한다.
② 믹싱 글라스에 각설탕 1-2개를 취향에 따라 넣는다.
③ 두 가지 비터스를 각설탕에 떨어뜨리고 살짝 으깬다.
④ 얼음을 채우고 충분히 저은 다음 글라스에 얼음을 제외한 내용물만 옮긴다.
⑤ 레몬 껍질을 글라스 위에서 비틀어 향을 더한 뒤 껍질로 연출한다.

* 일반적으로 얼음 없이 서브되지만 기호에 따라 큰 얼음을 담아 즐겨도 좋다

• **TASTE**

VIEUX CARRÉ
뷰 카레

다양한 식물재료의 농후한 풍미가 긴 여운으로 다가오며
향긋한 코냑 뒤로 이어지는 위스키의 기분 좋은 팔레트

뷰 카레는 '오래된 광장'을 의미하는 프랑스어로 라이 위스키·코냑·스위트 베르무트·베네딕틴·페이쇼드 비터스로 만드는 칵테일입니다. 미국 뉴올리언스에 위치한 캐러셀 바Carousel Bar의 바텐더인 월터Walter Bergeron에 의해 시작되었다고 알려져 있습니다.

- **RECIPE**

    ROCK GLASS, ABOUT 35% ABV, 110ml

    라이 위스키 30ml
    코냑 30ml
    마티니 로쏘 베르무트 30ml
    D.O.M 베네딕틴 5ml
    페이쇼드 비터스 2대시
    오렌지 껍질

- **METHOD**

    ① 믹싱 글라스에 오렌지 껍질을 제외한 재료를 넣는다.
    ② 얼음과 함께 잘 젓는다.
    ③ 온더락 글라스에 얼음을 채우고 내용물을 옮겨 온다.
    ④ 오렌지 껍질을 글라스 위에서 비틀어 향을 더하고 연출한다.

- **TASTE**

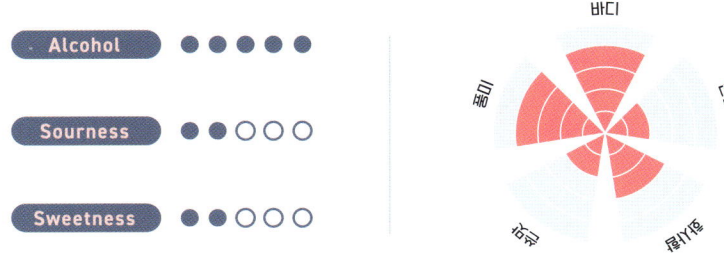

GRASSHOPPER
그래스호퍼

민트 초코를 먹는 듯한 시원하고 달콤한 초콜릿, 부드러운 질감

이름에서 유추할 수 있듯이 녹색을 연출하기 위해 크렘 드 민트를 사용하는 메뚜기가 연상되는 컬러의 달콤한 디저트 칵테일입니다. 1918년 뉴올리언스에 위치한 바인 투자그Tujague's의 바텐더인 필립Philip Guichet이 칵테일 대회에 참가하기 위해 개발했다고 알려져 있습니다.

- **RECIPE**

    COCKTAIL GLASS, ABOUT 35% ABV, 120ml

    디카이퍼 민트 그린 30ml (민트 그린 리큐르)
    디카이퍼 카카오 화이트 30ml (카카오 화이트 리큐르)
    헤비 크림 50ml
    넛맥(갈은 시나몬)

- **METHOD**

    ① 셰이커에 각 재료를 넣고 얼음과 함께 셰이킹한다.
    ② 차갑게 보관된 글라스에 내용물만 여과하여 담는다.
    ③ 넛맥을 글라스 위에서 흩뿌리듯 갈아내어 연출한다.

- **TASTE**

명대사와 얽힌 칵테일
"젓지 말고 흔들어서 마티니 한 잔"

007 시리즈에는 상징처럼 등장하는 소재들이 있습니다. 자동차, 시계, 칵테일 등이 있지만 특히 마티니 종류가 줄곧 등장합니다. 멋진 슈트를 입은 한 남자가 바에서 마티니를 주문합니다. "보드카로 마티니 한 잔, 젓지 말고 흔들어서" 영화사의 세계적인 명대사라고 하는데, 도대체 무슨 말인가 싶다고요? 자, 그렇다면 마티니가 무엇인지, 그리고 제임스 본드는 왜 마티니를 보드카로 흔들어서 달라고 했는지 알아보겠습니다.

마티니는 향긋한 증류주인 진으로 만듭니다.
진은 다양한 식물재료와 주니퍼베리를 곡류로 만든 주정과 함께 증류해서 만들죠. 역사라고 하면 1585년 영국과 스페인이 네덜란드를 사이에 두고 전쟁을 치르던 중, 영국 군인이 네덜란드 군인들 사이에서 인기품목인 제네버를 알게 됐습니다. 영국 군인들은 이 진화된 스피릿의 특별한 맛에 반해 나날이 인기가 높아져 영국으로 수입하기에 이르렀고, 그 과정에서 제네버GEBEVER–젠GEN–진GIN으로 줄여서 부르게 되었습니다.

마티니는 이런 역사를 가진 진에, 와인과 식물재료를 배합해 만든 주정강화 와인인 베르무트를 혼합하는 겁니다.
예전에는 베르무트가 엄청 귀해서 글라스에 진을 가득 채우고, 자린고비처럼 베르무트를 바라보며 마셨을 정도입니다.
이러한 일화를 가진 마티니가 바로 영화 〈킹스맨〉에서 등장하는 킹스맨 마티니입니다. 원래는 처칠 수상이 즐겼던 처칠 마티니의 이름을 영화에 맞게 변경해 사용한 것이죠.

영화를 보고 마티니에 도전해본 적 있으신가요? 아마도 쓴맛에 놀라며 인상을 찌푸리셨을 겁니다. 맛있게 마시는 방법이 따로 있습니다. '3분 안에 세 모금'으로 단단한 맛과 은은한 풍미를 즐기는 게 포인트입니다. 이왕이면 멋진 수트도 입어서 기분 내어 보시기 바랍니다. 그 멋진 모습에 여러분도 놀라실 거예요.

이제 왜 마티니를 보드카로 흔들어서 달라고 했는지 알아볼까요? 007의 원작가인 이언 플레밍Ian Fleming은 런던에서 공부하며 로이터 통신사에서 신문기자로 경력을 쌓은 뒤, 은행에서 증권 중개인으로 일을 했습니다. 쥐꼬리 같은 월급이었지만, 바에서 마티니 한 잔 마실 날을 손꼽아 기다렸다고 하죠. 향긋한 풍미와 단단한 맛의 밸런스로 만들어진 드라이 진 마티니 한 잔만으로도 취기를 만끽할 수 있었기 때문입니다.

그러던 이안 플레밍이 제2차 세계대전 동안에는 영국 해군 정보국에서 일하며 수많은 스파이 작전 회의에 참여했고, 러시아에서 첩보 활동을 하게 됩니다. 온갖 스트레스와 러시아의 추위로 지친 마음을 위로받고 싶었지만, 러시아에는 마티니가 없었죠. 여러분도 잘 아시겠지만, 러시아 사람들은 혹한 추위를 견디기 위해 보드카만을 마셔왔고, 이외의 술이라곤 없었습니다. 그래서 바텐더에게 보드카를 얼음과 함께 차갑게 흔들어서 마티니 글라스에 담아달라고 한 것이죠. 이게 세계적인 명대사의 탄생 비화입니다.
"보드카로 마티니 한 잔, 젓지 말고 흔들어서"
보드카는 무색·무취·무미가 특징인 증류주입니다. 2000년대에 접어들면서 세계적으로 주목받는 스피릿으로 소개되며 많은 국가에서 사랑받게 됩니다. 어디서든 마티니를 보드카로 흔들어서 마실 수 있게 되어서, 진으로 만드는지 보드카로 만드는지 언급해야 할 정도가 된 것이죠.

만약 보드카를 선물 받거나 구하게 되면, 냉동실에 보관하면 좋을 거 같아요. 얼음과 함께 더욱 정교한 칵테일을 만들 수 있고, 단단한 맛을 표현할 수 있게 됩니다.

칵테일 도구

맛있는 음료 한 잔을 위해 노력하는 당신에게 편리한 도구를
소개하려 합니다. 이 녀석들로 시간과 실수를 줄일 수 있으며,
신경을 곤두세울 일이 없어지죠. 무딘 칼에 손이 베이는 것처럼,
연장에 대한 애착과 세심한 손질이 더 맛있고 신선한 음료를
신속하게 만듭니다.

지거 Jigger

진짜 칵테일이라면 정확한 측량을 통한 맛의 균형과 일관성이 최우선입니다. 칵테일 측량에 다양한 도구가 있지만, 지거가 가장 많이 사용되며 중요합니다. 액체를 정확하게 측량하는 기물이며, 주로 ml보다는 oz 단위로 측정합니다. 일반적으로 모래시계 모양이며 스테인리스 재질입니다. 양 끝에 액체를 구분해 사용할 수 있으며 서로 다른 용량과 크기로 구성되어 있습니다.

지거는 과거 영국 해군에게 일정한 양의 럼을 배급하는데 사용된 금속 컵에서 유래됐다고 합니다. 컵의 모양이 배의 가장 작은 돛대의 형상이었고, 그 돛대의 명칭이 지거마스트였기에 자연스레 줄여서 부르다가 지거가 되었습니다. 19세기에 뉴욕 운하를 건설하는 아일랜드 이민자들에게 위스키를 건넬 때 사용되면서 자연스럽게 미국에도 측량도구로서 확산했습니다. 지거의 표준이 된 모래시계 디자인은 1893년 시카고의 발명가인 코르넬리우스 던간Cornelius P. Dungan이 특허를 받았습니다. 혹시 지거가 준비되지 않았다면, 샷 글라스를 대신 사용할 수도 있습니다.

바 스푼 Bar Spoon

음료를 저을 때 사용하며 '스터'라는 기법을 사용하는 칵테일을 만들 때 없어서는 안 될 도구입니다. 떨어지는 액체의 압력을 제어해 층을 쌓는 레이어링 기법과 플로우팅 기법에도 많이 사용됩니다. 스푼에 추가 달린 머들러 형태도 있으며 프랑스의 어느 약제상이 사용하던 도구에서 유래된 것이라 합니다. 가정에서는 젓가락으로 대체하면 좋을 거 같아요.

머들러 Muddler

18세기에는 설탕과 향신료를 으깨어 따뜻한 음료를 만드는 도구였다고 알려져 있습니다. 어머니가 마늘을 빻을 때 쓰시던 절굿공이가 업그레이드된 것으로 생각하면 되겠죠. 우린 흔히 레몬을 사용할 때 즙만 이용하기 십상이지만, 감귤류 껍질엔 향긋한 에센스가 배어 있습니다. 이 향을 꺼내는 데 머들러가 아주 적절하여 과육의 질감과 맛을 그대로 음료에 반영하는 좋은 기물입니다. 제가 만든 칵테일은 유독 머들러를 많이 사용하는 편인데, 재료 본연의 맛과 향을 연출하는 데 집중하기 때문인 듯합니다. 허브 같은 연질의 생물재료를 으깨어 사용하면 더욱 신선하고 특별한 향을 즐길 수 있습니다.

셰이커 Shaker

음료와 재료를 빠르고 완벽하게 섞는 기능을 하며 미지근한 음료를 차갑게 만들기도 합니다. 우유나 주스류를 강하게 셰이킹하면 부드러운 거품까지 만드는 기물이죠. 미국에서 처음 사용되었다고 하며, 그 스타일을 보스턴 셰이커라고 합니다. 그 이후에 3단계로 구성되어 헤드 부분에 스트레이너가 포함된 코블러 셰이커가 등장했다고 합니다.

현대식 칵테일 셰이커는 1840년대에 도입되었는데, 유리와 주석으로 만들어진 컵을 결합한 오늘날의 보스턴 셰이커와 흡사한 형태였습니다. 미국에서는 다양한 스타일의 셰이커가 등장하고 사라지는 동안에도 보스턴 셰이커가 꾸준한 인기를 유지했는데, 결합과 분리가 쉽고 세척이 편리하기 때문입니다.

스트레이너 Strainer

스트레이너는 원하지 않는 얼음과 내용물이 잔에 들어가지 않도록 여과하는 역할을 하며 코일로 둘러 쌓인 호손 스트레이너와 줄렙 스트레이너로 구분됩니다. 또한 여과망으로 된 스트레이너를 함께 사용해서 미세한 얼음 조각과 허브 또는 과일의 찌꺼기까지 걸러줍니다. 이렇게 두 개의 스트레이너를 함께 사용하는 기법을 더블 스트레인이라고 하며, 에스프레소 마티니를 만들 때 공기의 입자를 곱게 여과하여 미세한 거품을 더욱 부드럽게 만들어주고 숏드링크의 얼음 조각을 걸러주는 등 다양한 방식으로 사용됩니다.

71

스퀴저 Squeezer

오래전부터 다양한 나라와 역사에서 오렌지주스와 레몬 주스를 식사와 곁들여왔습니다. 그 즙의 손실이 적도록 효과적으로 압착하고, 노동력과 시간을 절약하기 위해서 다양한 형태의 착즙기인 스퀴저를 개발해 왔습니다. 원래는 크고 무거운 압착기 형태였지만, 점차 소량 착즙을 위한 생활 도구용으로 크기가 작고 기능이 간소화되어 가정에 보급되었죠. 휴대가 간편한 핸드 스퀴저도 개발되었으니까요. 바에서 사용하는 스퀴저는 레몬 또는 라임의 즙을 빠르고 편리하게 얻어낼 수 있으며 껍질 부분을 자극해 상큼한 향까지 얻을 수 있는 도구입니다.

다양한 도구 Other Equipments

없어도 되지만 있으면 편리한, 제 도구들을 소개합니다. 바텐더는 완성된 칵테일을 내어 놓기 전에 마지막으로 칵테일의 스타일과 청결 상태를 짧게 점검합니다. 간혹 불필요한 얼음 조각이나 허브의 찌꺼기가 발견될 수 있기 때문이죠. 이럴 땐 가니시를 장식할 때 사용하는 핀셋으로 불순물을 제거하면 편합니다. 오렌지와 레몬 껍질을 원하는 모양으로 깎고 오리는 용도로 사용하는 가니시 나이프, 제스터, 필러도 구비해 두면 좋습니다. 과거 휴대용으로 들고 다니며 마실 수 있도록 위스키를 소분해 담는 위스키 플라스크에 칵테일에 사용할 스피릿, 리큐르, 칵테일 샘플을 담아두면 좋고, 시나몬이나 오크칩을 훈연할 때 사용할 토치도 있으면 편리합니다. 또한 푸어러는 병에서 콸콸 쏟아지는 술을 얇은 줄기로 바꿔주는 유익한 도구입니다. 마음 속으로 '하나 둘 세엣'하고 카운트를 하면 정확하게 30ml, 45ml로 따를 수 있습니다. 저뿐만 아니라 요즘 바텐더들이 자주 사용하지는 않지만 많은 수의 칵테일과 스피릿이 글라스로 서브될 때는 빠르고 편리하게 사용할 수 있습니다.

글라스 Glass

칵테일에 사용하는 글라스는 레시피에 맞는 걸 선택하면 그만이라고 생각하기 쉬운데, 수년 전 리델 글라스 클래스에서 당연히 알고 있는 지식의 체험을 통해 충격적인 경험을 맞이했습니다. 와인 글라스의 크기와 형태, 입 닿는 부분의 질감과 두께에 따라 맛과 향이 다르게 느껴진다는 건 알고 있었지만, 갖가지 글라스에 물을 따르고 비교해보니 또 다른 느낌을 경험할 수 있었습니다.

이는 글라스의 재질과 두께, 모양에 따라 입과 혀의 위치가 달라져서 액체가 닿는 순서에 의해 풍미가 다르게 느껴지기 때문입니다. 과거 글라스의 용량은 온더락 240ml, 칵테일 글라스 120ml, 샷 글라스 30ml로 표준화되어 있었지만, 요즘에는 디자인이 우선되면서 형태와 크기가 다른 제품이 많아졌습니다. 따라서 칵테일 레시피에 적힌 글라스의 기본 형태와 용도는 따르되 용량은 직접 확인해서 적용해야 합니다.

저는 글라스를 통해 음료가 입에 닿는 순간의 촉감과 온도·향·맛의 영향력을 이유로 두께가 얇은 유리 소재의 글라스를 선호합니다. 와인은 잘토·리델·슈피겔라우 브랜드의 글라스를 좋아하며, 칵테일은 키무라와 크리슨 브랜드의 글라스를 좋아합니다. 저와 함께 오래간 창작의 고민을 함께 해 준 '더월드키친'에서 다양한 글라스 브랜드와 이 책에 사용된 크리슨 브랜드를 만날 수 있습니다.

샷 글라스 Shot Glass

예부터 위스키 등의 스피릿을 스트레이트로 마실 때 사용했으며 지거 대신 대략적인 측량 도구로도 사용됩니다.

더블 샷 글라스 Double Shot Glass

테킬라 슬래머에 사용하는 글라스로 알려진 더블 샷 글라스는 현재는 사용 빈도가 많이 떨어졌습니다. 플로우팅 종류가 많은 슈터 칵테일에 사용합니다.

온더락 글라스 On The Rock Glass

줄여서 락 글라스라고 부릅니다. 과거 얼음이 없었던 시기에 계곡에 잠겨 있는 시원한 돌을 글라스에 넣어 마신 것에서 유래했다고 합니다. 클래식한 장식이 각인된 것을 올드 패션드 글라스라고 부릅니다. 얼음과 함께 스피릿을 음용할 때 사용합니다.

하이볼 글라스 Highball Glass

긴 유리잔을 의미하는 톨 글라스, 그중에서 반듯한 원기둥 형태인 것을 하이볼 글라스라고 합니다. 과거 증기기관차의 굴뚝에 있는 움직이는 쇠구슬이 하이볼 글라스의 얼음과 흡사하다고 하여 붙여진 이름입니다. 주스 혹은 탄산수와 함께 다양한 스피릿으로 만드는 칵테일에 사용합니다.

브랜디 글라스 Brandy Glass

코냑 글라스라고도 불리며 와인 글라스에서 스템이 줄어든 생김새입니다. 브랜디와 코냑을 마실 때 글라스를 손으로 움켜쥐고 체온을 더하면 내용물의 온도가 상승하여 향을 진하게 느낄 수 있습니다.

칵테일 글라스 Cocktail Glass

마티니 글라스라고도 불리며 셰이킹이나 스터 기법으로 만드는 숏드링크 칵테일에 사용합니다.

쿠페 글라스 Coupe Glass

클래식 샴페인 글라스로 불리던 쿠페 글라스. 칵테일 글라스보다 액체를 안정적으로 담을 수 있어서 사워 칵테일, 에스프레소 마티니 등의 모던 클래식 스타일에 락 얼음을 추가하는 칵테일에 사용합니다.

뮬 글라스 Mule Glass

흔히 구리 글라스라고도 불리며 모스코 뮬의 인기가 상승하면서 다양한 뮬 칵테일에 사용하고 있습니다. 구리로 만들거나 도금되며 손을 타고 느껴지는 차가운 온도가 상징적입니다.

테이스팅 글라스 Tasting Glass

과거의 샷 글라스 대신 다양한 스피릿의 테이스팅 글라스로 사용되고 있습니다. 얼음 없이 니트로 즐길 때 사용하면 맛과 향에 더욱 집중할 수 있다는 장점이 있습니다.

샴페인 글라스 Champaign Glass

과거에는 샴페인을 쿠페 글라스 형태의 잔으로 마셨지만, 샴페인의 섬세한 탄산을 오랫동안 즐기고자 깊이가 있는 글라스로 형태가 변형됐습니다. 오늘날에는 달걀이 들어가지 않는 피즈 스타일의 칵테일에도 사용합니다.

칵테일 재료

얼음 ICE

따뜻한 음식은 따뜻할 때 제맛이 나듯 차가운 음료도 얼음을 채워 적절하게 떨어진 온도에서 최상의 맛을 제공합니다. 더운 날의 갈증이 시원한 음료 한 잔으로 가시듯 환경에 따른 음료의 온도 차이는 무척 중요합니다. 얼음이 녹는 시간을 결정하는 요소이기도 하죠. 글라스 재질에 따라서 손으로 느껴지는 온도가 다르게 느껴지는데, 이런 감각을 한서촉감이라고 합니다.

음료에서 맛을 결정하는 요소가 무엇일까요? 당분을 결정짓는 설탕과 시럽, 단단한 맛과 향긋한 풍미의 스피릿, 신선하고 향긋한 시트러스, 과일의 익은 상태 등 많은 요소가 중요하겠지만, 의외로 '신선하다'라는 느낌을 주는 건 손으로 잡았을 때 '아 시원하다!'라고 느끼는 촉각입니다.

그래서 얼음은 아주 중요한 재료입니다. 내용물의 온도를 순간적으로 떨어뜨리는 셰이크 기법을 완벽하게 수행하려면 수막현상이 일어나지 않은 단단하고 깨끗한 얼음과 어렵게 연마한 기술이 필요합니다.

집에서 투명하고 단단한 얼음을 만들고 싶다면 뜨거운 물을 적당히 식힌 후 서서히 얼리면 됩니다. 이론상 온도가 떨어지는 과정에서 물 분자의 공기가 빠져나가므로 천천히 얼리면 투명한 얼음이 되는 겁니다. 천천히 얼린 얼음은 녹는 것도 '천천히'라는 것만 기억해도 됩니다. 이런 과정을 거치지 않고 만든 뿌연 얼음은 빠르게 녹아서 음료를 묽게 만듭니다. 셰이커에 담을 때 얼음을 둘러싼 물이 음료에 혼합되어 맛의 균형을 깨는 불필요한 요소입니다. 다이퀴리와 같은 예외도 있지만 좋은 칵테일에는 잘 얼린 얼음을 사용하는 게 기본입니다.

일본 바텐더들은 단단한 얼음을 셰이킹하면 얼음 조각이 많이 생기고 공기와의 접촉이 많아져 밸런스가 틀어진다고도 말합니다. 이를 방지하기 위해 냉동실에서 갓 꺼낸 얼음을 물로 한 번 씻어 내어 수막현상을 일부러 일으킨 후 사용하기도 합니다. 어떤 방식을 사용할지는 여러분이 결정할 사안입니다. 저는 냉동실에서 갓 꺼낸 얼음을 칵테일을 만드는 시간 동안 상온에 둔 다음 사용합니다.

이 방식으로 만든 얼음은 형태를 불문하고 무게에 따라 음료에 희석되는 용량이 비례합니다. 같은 무게의 크러쉬드 아이스와 큐브 아이스, 심지어 직접 카빙한 락 아이스까지 일정 시간이 지나면 결국 비슷한 온도와 용해를 나타냅니다. 다만 형태에 따라서 녹는 진행 시간이 다른데, 마티니를 영하 5도까지 온도를 낮추기 위해 크러쉬드 아이스를 사용해 저으면 10초가 걸리지만 락 아이스는 2분여의 시간이 소요됩니다. 이 차이에 주목할 포인트가 있습니다. 셰이킹과 스터가 단순히 온도를 내리기 위한 목적의 기법이 아니란 겁니다. 적절한 온도와 물, 그리고 칵테일 혼합물의 최상의 밸런스를 위해 더 적합한 기법을 사용하는 것입니다.

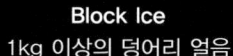

Block Ice
1kg 이상의 덩어리 얼음

Cracked Ice
3~4cm 크기의 거칠게 자른 얼음

불과 10여 년 전만 해도 국내에서는 아이스 카빙이나 볼 아이스는 구경조차
힘들었습니다. 그래서 큰 블록 아이스를 주문해 직접 아이스픽과 날카로운 칼을
이용해 원하는 형태의 얼음을 만들었었죠. 제가 바텐더 사이에서 얼음의
중요성을 전파하던 때였는데, 바텐더들 못지않은 열정을 가진 얼음 사장님을
만나게 됐습니다. 진주처럼 반짝이며 보석처럼 투명한 볼 아이스를 만드는
기계를 만들고자 몇 번의 실패를 겪은 아이스팜(www.icefarm.co.kr)의
정준양 대표입니다. 그에게 필요한 건 바텐더들의 관심이었습니다.

오늘날에 우리가 싱글 몰트 위스키를 즐길 때 접하게 되는 볼 아이스는 저와
커피바케이, 아이스팜의 정준양 대표의 영향이 가장 크다고 할 수 있습니다.
사실은 위스키 본고장인 스코틀랜드에서는 위스키에 대한 예의로 얼음을
사용하지 않는 걸 지향하지만, 우리는 얼음으로 온도를 낮추고 위스키를 희석해
목 넘김이 좋은 편안한 위스키 온더락을 즐깁니다. 얼음은 모서리부터 녹는데,
둥근 볼 아이스는 모서리가 없어서 천천히 녹고 닿는 면적이 넓어 액체와 만났을
때 빨리 시원해집니다. 위스키 본연의 풍미를 해치지 않으면서도 편안하게
즐길 수 있게 만들어주는 주역이 바로 볼 아이스인 겁니다.

Crushed Ice
잘게 부순 얼음

Lump Ice[Ball Ice]
주먹 정도 크기의 얼음

ON THE ROCK

'돌 위에~'라는 뜻 같지만
낮은 온더락 글라스에 얼음을 넣고
그 위에 술을 넣어 즐기는 방법을 말합니다.

얼음이 없었던 시절 개울에 잠겨 있는
차가운 돌을 술에 넣어 즐긴 것이
유래라고 하여 온더락으로 알려졌다고 합니다.

칵테일 재료

술 LIQUOR

술은 음료의 일종이지 불건전한 문화가 아닙니다. 고단한 하루를 술 한 잔에 담아 풀어낼 수 있는 또 하나의 에너지인 겁니다. 세계적으로 주류와 관련된 많은 역사와 일화가 있지만, 우리의 역사에서는 비중 있게 다뤄지지 않습니다. 이제는 세상이 변해서 식음료에 대한 기본적인 상식이 그 사람의 라이프 스타일을 대변할 정도입니다. 여기서 설명할 술의 기본 상식을 알아두면 '의미 없이 들이켜는 알코올'에서 벗어날 수 있지 않을까 싶습니다.

우리가 술이라 부르는 알코올성 음료를 통합해 리쿼 Liquor라고 하며, 그중에서 증류한 술을 증류주 Distilled Liquor라 합니다. 알코올 도수가 높은 술이나 증류주는 스피릿 Spirit이라고도 합니다. 스피릿은 갈색을 띤 브라운 스피릿(위스키 · 코냑)과 투명한 화이트 스피릿(럼 · 진 · 보드카 · 테킬라 등)으로 나뉩니다. 이런 술들을 서양 양[洋]을 써서 양주라고 부르지만, 이는 술의 카테고리가 아니라 표현 방법일 뿐입니다. 와인 또한 포도주를 가리킬 때 쓰이지만, 과일을 이용해서 만든 발효주 Fermented Liquor를 뜻하죠. 맥주나 막걸리 같은 발효주요.

말했다시피 다양한 국가의 역사 속에서 탄생한 술이 지금까지 전해오고 있는데, 그런 만큼 엄격한 규정과 장인 정신이 포함되어 있죠. 재밌는 점이라면 술을 만드는 방법이 비슷하다는 겁니다.
발효주인 맥주와 와인은 사용되는 재료만 다를 뿐 발효 공정을 거쳐 정제된 다음 병입한다는 것이 흡사하고, 럼 · 진 · 보드카 · 테킬라 역시 재료가 다를 뿐 발효 · 증류 · 정제 후 병입한다는 게 비슷합니다.

위스키와 코냑도 같은 공정을 거쳐 숙성 후 병입되는데 숙성 과정에서 어떤 종류의 캐스크에서 얼마나 숙성했느냐에 따라 시간의 가치가 측정됩니다. 저는 비싼 술을 애지중지하진 않지만, 저렴한 술에 대한 편견은 있습니다. 술을 만든다는 건 음식과 같아서 원재료가 좋아야 하며, 그 재료를 오랜 시간에 걸쳐 정성을 들인 제조 방법과 장인 정신이 있어야 좋은 결과물이 되기 때문입니다. 저렴한 가격에만 초점을 맞춘 술은 원재료와 제조 공정에서 신뢰를 갖지 못하기에 가까이하지 않는 편이죠. 술을 마시는 데 투자한 소중한 시간과 건강을 생각한다면 검증된 술을 선택하시길 바랍니다. 비싼 술은 아니더라도요.

화이트 스피릿 WHITE SPIRIT

투명한 증류주의 총칭. 증류 후 숙성을 하지 않아도 상품 가치가 있는 증류주이며 깔끔한 맛과 투명한 컬러를 지녔습니다.

럼 Rum

카리브해 인근의 국가에서 생산되는 술로 사탕수수를 재배하는 국가에서만 생산할 수 있습니다. 사탕수수즙에서 설탕을 추출한 다음 끈적한 사탕수수의 당밀을 이용해 만들며 위스키처럼 니트와 온더락으로 음용합니다. 또 다이퀴리 · 쿠바리브레 · 모히토 같은 칵테일을 만드는 데 사용됩니다.

진 Gin

네덜란드의 제네바에서 유래된 진은 오늘날 영국을 대표하는 술입니다. 다양한 곡류로 만든 주정에 주니퍼베리와 다양한 식물재료를 이용해 만들며, 은은한 향과 맛을 지닌 마티니 · 진토닉 · 김렛과 같은 칵테일을 만드는 데 사용됩니다.

보드카 Vodka

러시아와 폴란드의 국민주이며 술로 추위를 견디기 위해 마셨으며 다양한 곡류로 만들 수 있습니다. 무색 · 무취 · 무미라는 특징이 있어서 다른 재료와 혼합해 즐기기 유용합니다. 세계적으로 다양한 칵테일 베이스로 가장 많이 사용되고 있습니다.

테킬라 Tequila

멕시코에서만 생산할 수 있는 술로 약 7년 반 동안 재배한 '아가베'라는 식물의 뿌리를 이용해서 만듭니다. 현존하는 스피릿 중 원재료 생산에 가장 많은 시간과 노력이 필요하며 그 특유한 맛과 향이 매력적이어서 많은 전문가가 주목하는 스피릿입니다. 주로 니트나 샷으로 음용하며 마가리타 · 팔로마 · 바탕가와 같은 칵테일을 만드는 데 사용합니다.

브라운 스피릿 BROWN SPIRIT

깊은 오크의 향과 맛, 컬러를 위해 숙성 단계를 거치는 스피릿으로 증류로 얻어내는 뉴메이크 스피릿 또는 오드비를 다양한 캐스크에서 숙성해야 위스키 또는 코냑이 탄생합니다. 니트와 온더락으로 음용하지만, 다양한 칵테일 베이스로도 사용됩니다.

위스키 Whisk(e)y

맥아·밀·옥수수·호밀 등의 곡류를 이용하여 발아·건조·분쇄·당화·발효·증류 과정을 거쳐 숙성해 만듭니다. 위스키는 원재료와 생산 지역의 기후·생산 방식·숙성 기한과 캐스크 등 맛과 향을 결정짓는 요소들이 많아서 그 가치를 인정받고 있습니다. 비교적 가격이 부담스럽지 않은 위스키를 칵테일에 사용합니다.

브랜디 & 코냑 Brandy & Cognac

포도·체리·자두·사과 등 과일의 즙을 이용하여 발효 후 증류한 술을 브랜디라고 하며, 그중 프랑스의 중서부에 있는 코냑 지방에서 생산되는 브랜디만을 코냑이라 칭합니다. 모든 코냑은 브랜디이지만, 모든 브랜디가 코냑일 수는 없는 것이죠. 코냑은 법으로 엄격히 규제된 방식으로 재배되는 위니블랑의 포도 품종으로 생산되며 증류를 마친 단계의 스피릿을 오드비라 합니다. 법적으로 최소 2년 이상 캐스크에서 숙성되어야 비로소 코냑이 됩니다.

리큐르 Liqueur

다양한 스피릿에 과실·과즙·약초 등의 재료를 넣고 설탕·꿀·시럽 등의 당분을 첨가해 만든 술로 처음엔 약용을 목적으로 만들었으나 지금은 칵테일의 재료 또는 식전주나 식후주로 사용합니다. 식물재료를 사용해 쓴맛과 향긋한 풍미를 연출하는 아마로 Amaro 계열과 과일의 맛과 향을 띠는 리큐르 계열로 분류됩니다.

COLUMN

집에서 술을 보관하는 방법

제 어린 시절에 아버지께서는 거실 선반에 선물 받거나 구매한 술을 진열해 두셨습니다. 언제 마실지는 몰라도, 홈-바를 꾸미고 있는 지금 우리와 같은 마음이셨겠죠. 저는 집에서 술을 보관할 때 상온·냉동·냉장 세 가지 방법으로 분류합니다.

상온 보관: 싱글 몰트 위스키·코냑·럼·리큐르

음료의 맛과 향을 천천히 니트로 음용하는 주류는 상온에서 맛과 향이 더욱 섬세하고 진하게 느껴집니다. 온도가 낮으면 향과 맛이 덜 느껴지죠. 상온으로 보관하면 와인처럼 향과 맛이 변하거나 알코올이 날아가진 않을까 걱정되실 수 있는데요. 증류된 술은 맛과 향이 쉽게 변하지 않기 때문에 강한 적외선 및 태양에 장시간 노출되는 게 아니라면 괜찮다고 말씀드리고 싶어요. 고가의 제품이라 신경이 쓰인다면, 파라핀 필름 테이프를 뚜껑과 병 사이에 감아주면 안심하고 오래간 보관할 수 있습니다.

냉동 보관: 칵테일을 만들 목적으로 구매한 럼·진·보드카·테킬라·블렌디드 스카치 위스키 등

대부분 얼음과 혼합할 주류이니 냉동실에 보관하는 겁니다. 온도가 낮은 술과 얼음이 만나면 칵테일이 더욱 단단한 밸런스 있는 맛을 연출할 수 있고, 얼음도 천천히 녹습니다. 이것만으로도 여러분의 칵테일의 완성도가 높아질 거예요. 가정용 냉동실에서는 알코올 도수가 35% 이상인 스피릿은 얼지 않습니다.

냉장 보관: 베르무트·셰리 와인·스파클링 와인 등

화이트 와인과 스파클링 와인을 냉장고에 보관하는 것은 누구나 아는 사실입니다. 마티니·네그로니·맨해튼 등에 사용하는 베르무트와 모던 클래식 칵테일에 등장하는 셰리 와인은 오픈 후에 따뜻한 공기에서 산화 속도가 빨라지므로 냉장고에 보관해야 하며 3개월 이내에 소진하시기 바랍니다.

칵테일 재료

부재료

설탕 Sugar

많은 사람이 이미 달콤함에 중독되어 있습니다. 음식과 커피 등 다양한 음료를 통해 그 달콤한 맛에 만족하고 있죠. 칵테일에서는 설탕의 단맛이 스피릿의 쓴맛을 중화시키는 역할을 합니다. 럼·진·보드카 테킬라·위스키·코냑과 같은 스피릿에 적절한 단맛이 어우러지면 풍미도 더욱 화려하게 느껴지고 우리의 혀도 설탕의 달콤함으로부터 안정감을 찾습니다. 그렇다고 직접적으로 설탕이 들어가진 않고, 시럽으로 가공되어 사용됩니다. 다양한 스피릿에 각 재료의 풍미가 더해지고, 적지 않은 설탕이 혼합된 리큐르는 알코올 도수가 높음에도 달콤한 맛으로 인해 맛있게 느낄 수 있도록 설계되어 있죠. 쓴맛뿐만 아니라 산도와 짠맛의 농도도 낮춰줍니다.

시트러스 Citrus

칵테일에 사용하는 오렌지·레몬·라임·자몽 등을 말합니다. 바텐더에게 이런 감귤류가 없다면 참 곤란할 텐데요. 모히토·다이퀴리·김렛·진 토닉·코스모폴리탄·마가리타·올드 패션드·네그로니 등 수많은 칵테일에 즙으로는 신선한 산미를 제공하고 껍질의 에센스로는 향기로운 풍미를 제공하기 때문입니다.

시트러스 재료는 익은 정도에 따라 산도와 당도가 달라지므로 칵테일을 만들기 전에 맛을 체크해야 합니다. 레시피에 표기된 레몬 또는 라임의 용량은 감귤류의 산도에 따라 조절해야 하며, 그 기준이 될 맛은 경험에 의해 결정하면 됩니다. 취향이라는 것이죠.

허브 Herb

2000년대부터 맛이나 시각적 연출을 위해 음식에 다양한 허브가 사용되기 시작했습니다. 칵테일은 오래전부터 모히토에 민트를 사용해 왔긴 합니다. 민트의 종류는 생각보다 많습니다. 가장 널리 쓰이는 게 페퍼민트와 스피어민트이고, 복잡미묘한 풍미를 지녀 입욕제와 화장품에 사용되는 오데코롱민트, 부드러운 향과 사과향이 나는 애플민트, 잎 가장자리에 노란 띠를 둘러 파인애플향이 나는 파인애플민트, 보라색 꽃이 피는 리벤더민트, 오렌지향의 힌트가 있는 오렌지민트, 매력적인 진저 풍미의 진저민트, 초코민트 등이 있죠.

저는 민트 외에도 로즈메리·바질·파인애플 세이지·타임 등 다양한 허브를 사용하며, 입 안에서 풍기는 매력적인 향수 같다고 느낍니다. 하얀 도화지에 느낌 있게 한 줄 그어 놓은 선처럼 칵테일에도 심플한 연출을 할 때 허브 한 잎을 올려 두기도 합니다.

과일 Fruit

칵테일에 과일 껍질에서 추출한 신선한 오일로 화려함을 더하고, 과즙으로는 달콤하고 상큼한 맛과 향긋한 향을 더할 수 있습니다. 과일은 익은 정도에 따라 단맛과 신맛의 편차가 있으니 맛의 기준을 정해 두고 만들 때마다 맛을 확인해야 합니다. 후숙될수록 단맛은 증가하지만, 껍질의 수분은 증발하여 향이 점점 약해질 수 있습니다. 그러니 다음 사항을 고려해보세요.

계절별 제철 과일은 어떤 것이 있으며 사계절 내내 유통되는 수입 청과물은 무엇이 있는지 알아두면 좋습니다. 쉽게 구할 수 있으며 맛도 보장되고 재료비도 아낄 수 있기 때문입니다.

일정한 단맛과 신맛을 보장하는 주스 제품을 사용하면 맛의 범위를 쉽게 설정할 수 있지만, 생물에서 얻을 수 있는 풍미는 떨어집니다. 고품질 제품을 사용하기도 하고, 생물과 혼합해 사용하기도 합니다.

와인 Wine

'칵테일에 무슨 와인이냐?'는 분들도 있겠지만, 밀접한 관계가 있습니다. 위니블랑 포도로 와인을 만든 다음 증류하면 오드비Eau de vie가 되는데, 이걸 오크통에 넣고 수년간 숙성하면 브랜디 또는 코냑이 됩니다.

또한 약 75%의 와인에 스피릿과 다양한 식물재료를 배합해 추가로 숙성하면 베르무트가 되죠. 그 외에도 쇼비뇽 블랑 등의 풍미가 좋은 와인은 마치 리큐르처럼 칵테일에 사용하기도 합니다.

제가 만든 블랑 드 블랑 칵테일의 핵심 재료가 바로 쇼비뇽 블랑 와인입니다. 와인도 좋아하고, 칵테일에 더욱 다양하고 섬세한 풍미를 더하고 싶다면 비터스와 리큐르를 사용하듯이 조금씩 사용해 보면 좋습니다.

탄산수 Soda

우리말로는 소다수라고도 부르며 영어로는 Carbonated Water, Club Soda, Soda Water, Sparkling Water, Seltzer Water, Selters, Fizzy Water 등으로 사용되고 있습니다. 탄산수는 이산화탄소를 물 또는 과일주스에 넣어 탄산음료로 만든 것으로 다양한 음료 산업과 칵테일에 사용되고 있습니다. 바에서 주로 사용하는 탄산수는 클럽소다, 토닉워터, 진저에일, 진저비어, 콜라 등이 있습니다.

비터스 Bitters

알코올에 다양한 약초·향초·스파이스 등을 첨가해 칵테일에 풍미를 더하려고 만든 쓴맛이 나는 음료의 종류입니다. 과거에는 건위 해열 등에 효과가 있어 약용으로도 사용되었으며 미국의 모던 클래식 칵테일에 주로 사용됩니다. 스피릿이나 칵테일에서 불필요한 향을 없애주기도 하며 더욱 향긋한 풍미를 추가하는 목적으로 사용됩니다. 바에서는 주로 앙고스투라·오렌지·페이쇼드 비터스를 많이들 사용하며 기호에 따라 자몽·올드 패션드·초콜릿·우드 비터스를 사용하기도 합니다. 손쉽게 구할 수 있으며 칵테일에 사용되는 베이스의 특징이 가려지지 않도록 적절히 사용하는 것이 중요합니다.

칵테일 재료

풍미 및 장식 재료

스모킹 Smoking

시나몬 칩·애플 칩·향나무 칩 등 다양한 나무의 칩은 훈연 작업을 통해 요리와 칵테일에 깊은 풍미를 부여하고 매력적인 맛으로 연출해 줍니다. 훈연 작업을 할 수 있는 도구로 스모크 건을 가장 많이 사용하지만 토치와 스모크 플레이트를 사용하여 직접적인 훈연 작업을 하기도 합니다. 단, 어울리는 스피릿과 칵테일 종류가 무엇인지 충분히 고민해 보고 이 작업을 추가하길 권장합니다.

토칭 Torching

태우는 것도 굽는 것도 아닌 토칭 기술은 달콤한 커스터드 크림 위에 캐러멜을 부숴 먹는 전통 프랑스식 디저트, 크렘 블레 Crème Brulee에서 착안했습니다. 재료의 영양을 파괴하지 않는 범위 내에서 달콤하고 깊은 맛과 향을 더하며 새로운 연출 효과를 나타냅니다. 저는 달걀을 사용하는 사워 칵테일 위에 설탕을 흩뿌리고 토칭하길 즐깁니다. 달콤한 캐러멜 풍미가 위스키 사워, 디사론노 사워와 잘 어우러집니다.

플레밍 Flaming

오렌지 등의 감귤류 과실은 껍질에 풍부한 향과 오일을 함유하고 있습니다. 향과 오일의 휘발성도 대단히 강해 빠르게 증발하면서 광범위하게 산화하는 성질을 갖고 있습니다. 게다가 오렌지의 경우는 항바이러스 작용을 하는 리모넨 화학 요소를 90%나 함유하고 있다고 합니다. 이런 특징을 이용해 글라스 주변을 신선하고 풍부한 향의 오일로 코팅하면 음료를 마시기 전에 코에서 뇌로 상큼함과 신선함을 전달할 수 있습니다. 많은 음료에 활용되는 방식입니다. 그중 오렌지 플레이밍이 가장 많이 사용되며, 코스모폴리탄과 같은 칵테일에 적용하면 음료를 통해 아름다운 하모니를 느끼게 할 수 있습니다.

에센스 스프레이 Essence Spray

스프레이에 비터스·위스키·인퓨징으로 얻어낸 향이 풍부한 스피릿 등을 넣고 칵테일에 사용되는 글라스나 칵테일 주변에 뿌리는 방법입니다. 우리가 외출할 때 향수를 뿌리는 이유와 같이 나의 칵테일이 누군가의 손에 쥐어질 때 향긋한 풍미로 다가가 더욱 매력적인 칵테일로 느껴질 수 있도록 하는 방법입니다.

칵테일 기법

옛날엔 액체와 재료를 함께 갈거나 흔들거나 쌓는 기술을 사용했습니다. 지금은 글라스와 도구들의 발전으로 칵테일을 더욱 새롭게 하기 위한 많은 기술이 생겨났습니다.
소비자의 맛과 감성을 더욱 만족시키기 위해 오늘날에도 계속 발전하는 중입니다.
칵테일을 위한 재료와 기물을 모두 갖췄다면, 이젠 맛있는 음료를 만드는 기술을 연마할 때입니다. 도구 사용 방법과 정확한 기술을 익히지 않으면 재미도 없어서 금방 포기하게 됩니다. 흔들고, 붓고, 저어서. 준비한 글라스에 예쁘게 담아낼 때까지 조금씩 익혀볼까요?

김봉하의 KNOW-HOW
① 단단하고 깨끗한 얼음을 사용해 얼음이 녹는 시간을 늦춘다.
② 신선한 촉감을 위해서 차가운 글라스를 준비한다.
③ 음료의 일정한 맛을 위해서 재료의 상태, 과일의 당도와 산도를 조절한다.
④ 마지막으로 얼음을 담기 전에 맛을 본다. 마지막으로 수정할 기회이다.

지거링 Jiggering

액체의 정확한 용량을 측정하는 도구인 지거. 이 지거를 다루는 행위를 지거링이라고 합니다. 지거의 모양과 용량은 다양하지만. 대부분 작은 부분이 30ml이고 큰 부분이 45ml인 것을 사용합니다. 사용하는 방법이 중요합니다. 액체를 담을 때 표면 장력을 형성한 상태를 정확한 용량이라고 판단합니다. 수평을 유지할 수 있도록 연습합시다.

빌드 Build

단어의 뜻처럼 재료를 쌓듯이 붓는 기술을 일컫습니다. 글라스에 얼음을 가득 채운 다음. 용량에 맞게 재료를 천천히 붓습니다. 이때 재료를 얼음 위에서 붓게 되면 글라스 밖으로 튀어 주변이 지저분해지고 얼음의 신선도를 떨어뜨릴 수 있습니다. 글라스를 천천히 타고 내리듯 붓는 게 중요합니다. 마지막으로 음료를 내어 놓기 전에 살짝 저어주는 센스도 잊지 맙시다.

블렌딩 Blending

믹서기라 불리는 블렌더에 스피릿과 부재료와 얼음을 넣고 혼합할 때 사용하는 기술입니다. 조각 얼음을 사용하면 슬러시 형태의 시원한 음료가 탄생하고, 유분과 탄수화물이 첨가된 재료, 과일 또는 부재료를 사용하면 스무디 형태가 됩니다.

머들링 Muddling

블렌더가 아니라 직접 재료를 으깨는 기술로, 입안에서 과육이 씹히는 식감을 연출하거나 오렌지나 라임 껍질, 허브의 풍미를 충분히 얻기 위해 사용합니다. 모히토 · 까이피린냐 · 허브 김렛과 같은 칵테일을 만들 때 머들링 기법을 사용하며, 너무 강하고 잦게 머들링하면 부재료에서 쓴맛이 나올 수 있으므로 주의해야 합니다.

스터링 Stirring

2~3가지 재료로 구성된 액체의 완벽한 결합과 맛의 균형을 위해 사용하는 기술입니다. 바 스푼을 가볍게 잡고 믹싱 글라스에 든 내용물과 얼음이 흐트러지지 않게 천천히 젓습니다. 이때 얼음의 미세한 요동으로도 맛의 균형이 흐트러질 수 있으니 스푼을 엄지·검지·중지만을 이용해 섬세하고도 다이내믹하게 회전시키는 것이 포인트입니다.

얼음 없이 제공되는 칵테일은 영하 3도까지 차가워질 수 있는데, 큐브 아이스로 셰이킹하면 10초면 도달할 수 있는 온도이지만 스터링으로는 30초가 넘게 걸립니다. 스터링이 셰이킹을 매우 천천히 하는 개념이기 때문입니다. 물리학적으로 결과물의 용해량은 같지만 결과물에는 차이가 있는데, 스터링은 공기를 주입해 맛을 부드럽게 만들 수 있고, 재료 본연의

향을 그대로 전달할 수도 있습니다.

칵테일을 완전히 섞거나 거품을 내려면 반드시 셰이킹 기법을 사용해야 하고, 마티니·맨해튼처럼 스피릿만을 사용하는 칵테일은 스터링 기법을 사용합니다. 후자는 보석처럼 깨끗한 결정체와 절도 있는 맛이 나오기 때문인데, 어? 그렇다면 왜 007 시리즈의 제임스 본드는 "젓지 말고 흔들어서"라며 마티니를 주문했을까요? 이건 아마도 날카로운 보드카의 맛에 공기를 주입해 보다 부드럽게 즐기기 위함이었을 겁니다. 이처럼 재료의 특징과 기법의 관계를 이해하면 더욱 좋은 음료를 만들 수 있습니다.

셰이킹 Shaking

갖가지 재료와 음료를 얼음과 혼합하는 기법으로 내용물의 온도를 낮추고 맛과 향의 일체감을 끌어올리는 것이 목적입니다. 칵테일에 따라 다르지만 10~15초간 셰이킹합니다. 셰이킹으로 액체에 주입된 작은 공기와 칵테일 표면을 덮은 얇은 얼음층이 입 안에서 엄청난 질감을 선사하는데, 이런 질감이 칵테일 맛에 아주 큰 역할을 하죠.

주로 클래식 셰이커와 보스턴 셰이커를 이용합니다. 코블러 셰이커는 비교적 용량이 작은 클래식 칵테일에 사용하며 맛의 미묘한 밸런스를 잡기 위해 사용합니다. 보스턴 셰이커는 머들링을 요하는 음료의 재료를 눈으로 확인하기 쉽고 대용량의 음료를 만들 때 사용합니다. 용도에 따라 셰이커를 구분해 사용해야 퀄리티를 높일 수 있습니다.

여러분이 다이퀴리를 만들 때, 날카로운 맛이 덜하게 연출하고 싶다면 얼음이 간직한 열을 흡수할 수 있는 구리 재질로 된 셰이커를 사용하면 좋습니다. 다른 재질의 셰이커보다 물이 약간 더 발생하며 공기 주입량도 많아져 훨씬 더 부드럽게 느껴질 겁니다.

하드 셰이킹 Hard Shaking

셰이킹 기법에 논쟁이 있었습니다. 바로 이 하드 셰이킹 때문이죠. '얼음이 깨지는 걸 최소화하는 게 중요한가?'와 '얼음과 공기의 양을 최대한 늘려 혼합하는 게 중요한가?'였습니다.

강한 셰이킹으로 얼음이 깨지는 것을 감안하더라도 부재료에서 얻을 수 있는 풍미와 부드러운 질감을 최대한 끌어내는 것이 포인트인데요. 셰이킹 시 허브를 넣고 강하게 셰이킹하면 허브를 직접 으깨는 머들링 기술과는 다른 밝고 상쾌한 톤의 풍미를 얻을 수 있고 에스프레소 마티니·라모스 진 피즈·사워 칵테일과 같이 거품을 최대한 끌어내는 데 사용하기에 유용한 기술입니다. 단, 셰이커 내에 얼음이 깨지고 오랜 시간 셰이킹을 지속하면 밸런스가 틀어질 수 있으니 최대한 짧은 시간 내 활용하길 추천드립니다.

드라이 셰이킹 Dry Shaking

"드라이? 마른 셰이킹인가요?" 네 맞습니다. 얼음을 넣지 않고 공기만 주입하는 기법입니다. 과거 생크림이 발견되지 않았던 시기에는 부드러운 식감을 연출하기 위해 달걀을 사용했습니다. 하지만 살모넬라균의 위험성이 알려지면서 달걀의 취급과 위생, 유정란 사용의 필요성이 대두되었죠. 달걀 특유의 비린 향이 칵테일에서 느껴지지 않도록 하려면 더욱 섬세한 거품층을 만들고 충분한 양의 공기를 주입해야 했습니다. 마치 제과에서 머랭을 치는 작업과 흡사하다고 볼 수 있습니다. 방법은 다음과 같습니다. 얼음을 넣지 않고 셰이킹을 한 후에 다시 얼음을 넣고 셰이킹을 하는 겁니다. 한남동 소코바의 손석호 바텐더는 리버스 셰이킹 기법을 선호하는데요. 얼음과 함께 셰이킹한 뒤 얼음을 제거한 드라이 셰이킹을 다시 하는 겁니다.

스로잉 Throwing

셰이커나 틴 같은 용기를 양손에 잡고 액체를 던지듯 떨어뜨리며 교차해 잡아내는 기법입니다. 주목적은 혼합과 공기의 주입으로 풍미를 살려내는 것입니다. 1840년, 칵테일의 아버지라 불리는 제리 토마스Jerry Thomas는 블루 블레이저라는 칵테일을 이 기법으로 소개했으며, 오늘날 세계 각지의 많은 바에서는 블러디 메리를 만들 때 사용하고 있습니다. 셰리 와인과 베르무트를 사용한 칵테일에도 풍미를 극대화할 때 사용되곤 합니다.

더블 스트레인 Double Strain

요즘은 음료에 신선함을 더하는 목적으로 다양한 허브와 과일, 다양한 부재료가 사용되고 있습니다. 이런 것들을 셰이킹하면 글라스에 재료들의 찌꺼기가 들어가게 되는데, 이를 방지하기 위해서 스트레이너와 여과망 스트레이너를 함께 사용합니다. 다양한 부재료의 향과 맛을 표현하면서도 깨끗한 결과물을 만드는 기법입니다.

레이어링 & 플로우팅
Layering & Floating

액체 내 알코올과 당도의 비중 차이를 이용해 층을 만드는 기법으로, 글라스에 여러 액체를 컬러별로 층지어 쌓습니다. 알코올이 높을수록 특정 액체 위에 잘 뜨고, 당도가 높을수록 잘 가라앉습니다. 컬러가 자연스럽게 변화하면서 구분되는 방식을 레이어링이라 하고, 경계선이 명확하게 구분되는 방식을 플로우팅이라고 합니다.

플로우팅: 바 스푼으로 액체를 떨어뜨려 압력을 최대한 줄여가며 띄우는 방법과 용기를 기울여 천천히 붓는 방법도 있습니다. 모든 재료가 뜨진 않고 알코올 도수가 최소 7% 이상 차이가 나야 합니다. 소량으로 테스트하며 만들어보세요.

레이어링: 플로우팅과 같은 방법으로 액체를 떨어뜨리는 압력을 강하게 하면 됩니다. 푸어러의 공기구멍을 조절하며 따르는 연습이 필요합니다.

프로스팅 Frosting

글라스의 입이 닿는 부분에 레몬이나 라임즙을 바르고, 거기에 설탕이나 소금을 찍어 바르는 기법입니다. 입이 닿는 부분을 림이라고 하는데, 이곳에 부재료를 묻힌다고 하여 리밍이라고도 부릅니다. 글라스 위에 눈이 내린 형상과 흡사하다며 스노우 스타일이라고 부르기도 합니다.

칵테일 맛의 구성

이 책에서는 칵테일의 맛을 총 8가지로 구분해 표현하고 있습니다. 알코올 · 산도 · 당도 · 바디 · 탄닌 · 화사함 · 쓴맛 · 풍미입니다. 칵테일 레시피에서도 이 구분으로 인포그래픽을 제공하고 있으니 숙지하시면 좋겠습니다.

알코올 Alcohol

모든 주류는 본연의 맛과 향을 갖고 있습니다. 무색 · 무취 · 무미가 특징이라는 보드카조차도 마찬가지입니다. 이는 생산 과정에서 사용되는 재료와 물, 제조 방식의 차이 때문입니다. 순수한 알코올은 거의 맛이 느껴지지 않지만, 물과 혼합되는 순간 특정 농도에서 달콤하거나 씁쓸한 맛이 생겨납니다. 에탄올은 입에서 수분을 앗아가는 효과가 있어서 떫거나 쓴맛으로 느끼게 만듭니다.

산도 Acidity

아주 강렬한 신맛은 얼굴을 찌푸리게 만들고, 심지어는 몸이 부르르 떨게도 만듭니다. 이건 너무 부정적인 경험이죠. 우리 몸은 이런 경험을 방지하기 위해 침샘을 폭발적으로 작용시킵니다. 하지만 '산'은 다른 요소들과 맛의 균형을 잡아주는 매우 중요한 역할을 하기도 합니다. 단맛의 과일을 섭취할 때는 과일의 산도가 매우 긍정적으로 받아들여지죠. 그래서인지, 다들 새콤달콤한 맛을 사랑하는 것 같지 않나요? 신맛 없이는 잘 익은 과일도 단맛만 가진 심심한 과일이 될 뿐이며, 음료에서도 산이 없다면 맛의 균형을 잡기 매우 어렵습니다. 그래서 칵테일에도 산이 즐겨 사용되며, 마치 잘 익은 과일처럼 자연의 당과 산의 균형을 모방하려 합니다.

당도 Sweetness

꿀 · 설탕 · 과일 등의 재료에서 느낄 수 있는 단맛의 수치를 감미도 혹은 당도라고 하며 칵테일에 없어서는 안 될 맛 중 하나입니다. 당분이 함유된 리큐어뿐만 아니라 럼 · 진 · 보드카 · 테킬라 · 위스키와 같은 다양한 술에서도 높은 수치의 당도를 확인할 수 있습니다. 술을 만드는 발효 과정에서 효모가 당분을 에너지로 알코올을 생성하기 때문에, 그 결과물에는 상당한 당분이 포함되어 있습니다. 이처럼 칵테일에 사용되는 술의 종류, 과일 등의 재료, 설탕 또는 시럽의 당을 확인하고 결과물의 당도를 확인하면 완성도 있는 칵테일이 됩니다.

바디 Body

술을 테이스팅하는 과정에서 입 안에 꽉 차는 듯한 느낌을 바디감이라고 표현하는데요. 액체의 질감뿐만 아니라 알코올의 강도, 향과 맛 등이 복합적으로 균형을 이룰 때 그 느낌의 강도가 결정됩니다. 단순하게 알코올이 높다고 해서 바디감 수치가 높은 게 아니라는 겁니다. 바디감은 수치화하기 어렵지만, 입 안에 가득차는 느낌일수록 '바디감이 좋다'고 표현합니다.

탄닌 Tannin

익지 않은 과일이나 적포도주 또는 녹차와 같은 차를 마신 후 감각세포에 작용하여 나타나는 건조하고 떫은 느낌을 말합니다. 탄닌은 특히 식물계에 매우 널리 분포해 있는데, 주로 덜 익은 과일이나 종자에 함유되어 있고, 성숙함에 따라서 감소하는 경향이 있습니다.

적포도주의 경우 탄닌이 포도주의 전체적인 구조를 결정짓는 역할을 하는데, 마세라시옹Maceration이라고 부르는 과정이 대표적인 예시입니다. 포도 껍질과 씨를 함께 넣고 발효하는 과정을 말하며, 자연스레 포도 껍질 속 탄닌과 색소, 향이 용해되어 나옵니다. 기간과 온도에 따라 최종 결과물인 와인의 스타일이 결정됩니다.

화사함 Beautiful

향긋한 꽃내음, 상큼한 시트러스의 신선한 느낌을 '아름답다'라고 표현하는 것이며 입 안에서 느낄 수 있는 향을 나타냅니다. 화이트 와인 혹은 스페이사이드 지역의 위스키 등에서 향을 표현할 때 자주 이 단어가 등장합니다.

쓴맛 Bitterness

혀가 느낄 수 있는 쓴맛이 무려 100여 가지 이상이어서 가장 복잡한 맛이 쓴맛이라고 합니다. 달콤함과는 달리 자연스레 멀리하게 되는 맛인데, 쓴맛을 포함한 재료들이 대부분 독성을 갖고 있기 때문이라고 하죠. 그중에서도 쓴맛이 비교적 덜하고 약효가 있는 재료는 약용으로 쓰입니다. 클로브를 씹으면 마취 효과가 나고, 퀴니네는 말라리아 예방 효과가 있으며, 홀리 부쉬 티에는 위장의 진정 효과가 있습니다. 보통은 식물의 뿌리나 나무의 껍질인 경우가 많습니다.

이런 쓴맛이 혀를 자극하면 맛과 향을 더욱 섬세히 느낄 수 있게 만듭니다. 향긋한 풍미와 단맛이 동반되면 믿을 수 없을 만큼 매력적인 맛이 되죠. 칵테일에 사용되는 '비터스'도 비슷한 이유로 만들어져, 칵테일을 매력적으로 만듭니다. 진 토닉 역시도 쓴맛의 조화로 설계된 칵테일입니다.

풍미 Flavor & Taste

풍미는 향과 맛을 복합적으로 표현하는 단어로, '맛이 있고, 향이 좋다'를 의미합니다. 다소 주관적일 수 있는 맛의 표현을 세분화하여 나타내는 것으로 단맛, 신맛, 쓴맛, 그리고 아로마의 조화를 포괄적으로 표현할 때 사용합니다.

칵테일 맛의 표현

칵테일의 맛과 향을 표현하는 건 한 가지의 술을 표현하는 것보다 복잡할 수 있습니다. 위스키·코냑·와인 등의 브랜드에서 제공하는 최상급 단어나 추상적인 표현도 사용하지 않는 편입니다. 칵테일을 주문할 때도 본인의 취향을 충분히 표현하는 게 중요한데요, 알코올의 강도를 표현할 때는 '드라이하다/드라이하지 않다'로 표현하고 단맛과 신맛은 그대로 표현하거나 '산미가 강하다/산미가 약하다'로 표현하면 됩니다.

예를 들어 알코올이 강한 마티니와 같은 칵테일을 좋아한다면 "드라이하고 달지 않은 칵테일"을 요청하면 됩니다. 미리 마셔본 칵테일을 예시로 드는 것도 좋은 방법입니다. 단맛과 신맛이 적정하면서도 드라이한 칵테일을 주문할 때는 "김렛 혹은 다이퀴리"와 유사한 거로 요청하는 것이죠. 이보다 더 세부적인 표현을 할 때는 사용되는 주류를 지정해 주는 것이 좋습니다. "위스키 베이스의 드라이한 칵테일", "진 베이스의 드라이한 칵테일"처럼요.

알코올Alcohol, 산도Sourness, 당도Sweetness를 필두로 입 안에 가득 차는 느낌의 바디Body, 혀를 잔잔하게 긁는 텁텁한 질감의 탄닌Tannin, 향긋한 느낌을 표현하는 화사함Beautiful, 식물재료 혹은 비터스와 같은 재료에서 느껴지는 쓴맛Bitterness, 전반적인 향의 밸런스를 표현하는 풍미Flavor에 집중하며 칵테일을 즐기다 보면 칵테일을 더욱더 섬세하게 느낄 수 있습니다.

700ml 술 1병으로 몇 잔의 칵테일을 만들 수 있을까?

유럽과 면세점에 유통되는 술은 주로 1L 용량이며, 유럽의 경우 알코올 도수가 높을수록 세금이 높아지기 때문에 미국과 아시아에 유통되는 제품과 알코올 도수의 차이가 있을 수 있습니다. 또한 몇 해 전만 해도 전 세계로 유통되는 술 대부분이 750ml였으나 원가가 상승하며 가격을 올리는 대신 700ml로 병입 생산되고 있습니다. 그래서 저마다의 술이 750ml, 700ml로 혼용되고 있습니다. 여기서는 '700ml 기준의 술로 몇 잔의 칵테일을 만들 수 있는가?'에 대해 이야기하려 합니다.

사실 이 주제는 제가 생각하지 못한 기발한 질문입니다. 칵테일에 사용되는 베이스 술은 글라스와 칵테일의 특징에 따라 30ml에서 많게는 60ml까지 사용되는데요, 일반적으로 30ml라고 한다면 약 23잔의 칵테일을 만들 수 있죠. 마트에서 봄베이 사파이어 한 병을 3-4만 원에 구매해서 23잔의 진 토닉을 즐길 수 있다는 이야기입니다.

그렇다면 토닉워터는 얼마나 필요한지 궁금하겠죠? 보통 진 토닉은 1:3 비율로 만들기에 봄베이 사파이어 30ml를 사용한다면 토닉워터는 90ml가 필요합니다. 국내 유통되고 있는 토닉워터는 프리미엄 토닉워터인 피버트리가 200ml, 바텐더가 가장 많이 사용하는 캐나다 드라이 토닉워터 250ml, 한국에서 가장 오래되고 많이 사용하는 진로토닉 300ml가 있습니다. 토닉워터마다 퀴닌 성분 및 탄산, 당도와 산도 등이 다르므로 본인이 좋아하는 토닉워터를 용량을 계산해서 구매하시면 좋습니다. 봄베이 사파이어 30ml를 사용할 다른 칵테일을 함께 고려해 두는 것도 말이죠.

COLUMN

알코올 도수 환산법
ABV(Alcohol By Volume)

술의 라벨에는 생산지 · 용량 · 알코올 도수 등이 표기되어 있습니다. 이런 술과 술, 술과 부재료를 혼합해 칵테일을 만들죠. 가끔 "이 칵테일의 알코올 도수는 몇 도인가요?"라는 질문을 받곤 합니다. 대략 느낌에 기대어 전달할 수도 있겠지만, 아래 공식에 레시피를 대입하면 칵테일의 알코올 도수를 정확히 알 수 있습니다. 사람에 대한 신뢰와, 칵테일에 대한 신뢰가 쌓일 거예요.

$$\frac{[A \times a]+[B \times b]+[C \times c]}{V} = ABV\%$$

V: 칵테일의 총 용량

A, B, C: 각 재료의 알코올 도수%

a, b, c: 각 재료의 용량 ml

알코올 도수 환산 예시

MARGARITA
마가리타

- RECIPE
  - A: 호세 쿠엘보 실버 38% 45ML
  - B: 디카이퍼 트리플섹 40% 15ML
  - C: 라임즙 0% 15ML

$$\frac{[38\% \times 45ml]+[40\% \times 15ml]+[\text{알코올 없는 재료는 제외}]}{V=75ml} = ABV\ 30.8\%$$

PART 2

베이스별 칵테일 레시피

칵테일을 처음 접할 때 어떤 술과 음료를 혼합해야 하는지 혼란스러울 수 있습니다. 진은 향긋한 풍미와 단단한 맛의 밸런스를 제공하고, 럼은 달콤하고 부드러운 느낌, 테킬라는 독특한 맛과 향의 매력을 나타냅니다. 보드카는 부재료의 특징을 뒷받침하고 크리스피한 느낌을 제공하며 위스키는 깊은 풍미와 묵직하고 다채로운 맛을 나타냅니다. 이 외에도 리큐르는 갖가지 향과 달콤한 맛을 표현합니다.

진 베이스

진 베이스 칵테일은 비교적 단단한 알코올의 밸런스와 함께 아름다운 진의 풍미를 은은하게 즐길 수 있는가에 집중하며 칵테일을 만들어야 합니다. 사실 럼 · 진 · 보드카 · 테킬라 · 위스키 중에서 진의 알코올이 비교적 높은편이므로 진 베이스 칵테일이 안겨주는 만족감은 그것만으로도 충분합니다. 여러분의 손길에서 탄생되는 진의 향연을 마음껏 펼쳐 보시길 바랍니다.

SPANISH GIN & TONIC
스페니시 진 토닉

기분 좋은 청량감과 시트러스의 상큼한 맛, 진에서 느껴지는 은은한 식물재료의 풍미

스페인에서는 실제로 진 토닉이 엄청난 인기를 누비고 있으며 와인 글라스 형태의 벌룬 글라스에 서브됩니다. 기존 영국 스타일의 진 토닉에 비해 각 재료의 특징을 잘 전달하기 위해서 2010년 스페인 엘불리 레스토랑에서 페란 아드리아Ferran Adria가 고안한 방법입니다. 미슐랭 3스타를 획득한 세계적인 분자요리의 창시자인 페란 아드리아는 진의 향긋함을 넓은 림을 가진 글라스를 통해 코로 전달하고, 강렬하고 섬세한 탄산감과 섬세한 풍미를 전달하는 제조 방식을 전파했습니다.

- **RECIPE**

    BUILD, BALLOON GLASS, ABOUT 12% ABV, 150ml

    몽키 47 진 45ml (런던 드라이 진)
    라임 0.5개 분량의 신선한 라임주스
    피즈랩 하우스 오브 피즈 토닉워터 90ml
    시나몬 스틱 1개

- **METHOD**

    ① 글라스에 얼음을 가득 채우고 온도를 낮추기 위해 얼음을 충분히 젓는다.
    ② 얼음으로 생긴 물을 따라낸 후 진을 넣고, 라임을 짜넣는다.
    ③ 토닉워터를 70%가량 거칠게 채우고 가볍게 저어준다.
    ④ 토닉워터를 섬세하게 글라스의 8부 정도까지 채운 후 라임과 시나몬 스틱으로 연출한다.

- **TASTE**

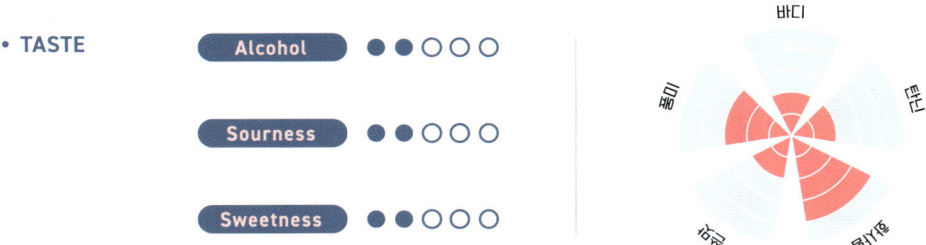

GIMLET
김렛

날카로운 라임의 산미와 은은한 단맛 뒤에 이어지는 식물재료의 향긋함

1867년, 바다 위에서 생활하는 선원들의 괴혈병을 피하기 위한 목적으로 진에 라임을 섞어 마셨습니다. 스코틀랜드인 로클린 로즈Lauchlin Rose가 바다 위에서 상하지 않도록 당도가 포함된 라임 코디얼을 만들었고, 그걸 진과 섞는 아이디어를 토마스 김렛Thomas Gimlette이라는 해군 외과 전문의가 냈습니다. 오늘날 김렛이 존재하게 된 이유입니다.

- **RECIPE** SHAKE, COCKTAIL GLASS, ABOUT 24% ABV, 100ml

  봄베이 사파이어 진 45ml (런던 드라이 진)
  설탕 시럽 10ml
  라임주스 15ml

- **METHOD**
  ① 셰이커에 각 재료를 넣고 얼음과 함께 셰이킹한다.
  ② 차갑게 보관된 글라스에 내용물만 여과해 담는다.
  ③ 라임 껍질을 비틀어 글라스 주변에 에센스를 코팅하고 연출한다.

- **TASTE**

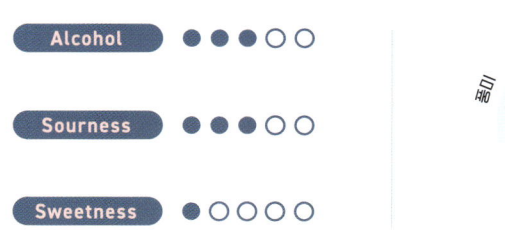

GIN FIZZ
진 피즈

깔끔한 청량감과 탄산 버블 속의 향긋한 진의 풍미가 기분 좋게 느껴진다

피즈는 탄산수를 오픈할 때 '피~즈'하고 나는 소리를 표현한 음료로 1887년 제리 토마스 Jerry Thomas가 쓴 책에도 존재가 기록되어 있습니다. 탄산수는 1800년 후반부터 1940년대에 미국에서 너른 인기를 얻었으며 특히 뉴올리언스 지역의 명물로 알려진 진 소다 Gin & Soda의 인기는 바에서 전문 바텐더 팀을 고용할 정도였습니다. 향긋한 진의 풍미와 청량감은 갈증 해소는 물론 입과 코를 즐겁게 합니다.

- **RECIPE** SHAKE, TALL GLASS, ABOUT 12% ABV, 120ml

  몽키 47 진 40ml (런던 드라이 진)
  레몬주스 20ml
  설탕 시럽 10ml
  탄산수 가득

- **METHOD**
  ① 셰이커에 진·레몬주스·설탕 시럽을 넣고 얼음과 함께 셰이킹한다.
  ② 얼음을 채운 글라스에 내용물만 여과해 넣는다.
  ③ 탄산수를 가득 채운 다음 가볍게 젓는다.
  ④ 레몬으로 연출한다.

- **TASTE**
  Alcohol ●●○○○
  Sourness ●●●○○
  Sweetness ●○○○○

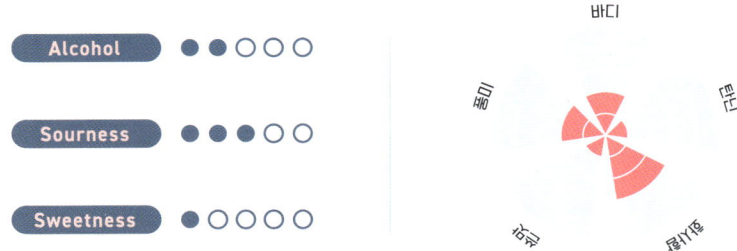

NEGRONI
네그로니

쓴맛, 단맛, 시트러스, 식물재료의 은은한 풍미가 모두 느껴지는 칵테일

이탈리아 피렌체에 위치했던 카페 카소니 Cafe Casoni의 바텐더인 포스코 스카셀리 Pascal Scarscelli가 개발한 칵테일이며 식전주로 널리 사랑받았습니다. 아메리카노를 독하게 만들어 달라는 네그로니 Camillo Negroni 백작의 요청으로 시작된 칵테일이라고 하죠. 지금은 그 자리에 카페 지아코사 Cafe Giacosa가 있습니다.

- **RECIPE**

    BUILD, ROCK GLASS, ABOUT 24% ABV, 60ml

    봄베이 사파이어 진 20ml (런던 드라이 진)
    캄파리 20ml (이탈리안 아마로 리큐르)
    마티니 로쏘 베르무트 20ml (스위트 베르무트)
    오렌지 껍질

- **METHOD**

    ① 온더락 글라스에 얼음을 채운 다음 각 재료를 넣는다.
    ② 가볍게 저은 다음 오렌지 껍질로 글라스 주변에 에센스를 코팅하고 연출한다.

    * 취향에 따라 비터스를 추가한다.

- **TASTE**

    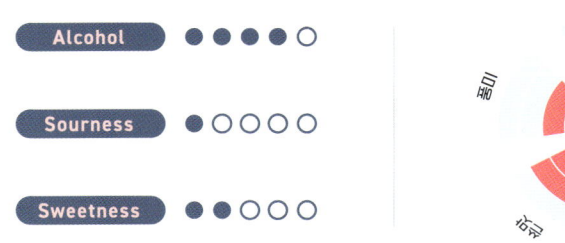

MARTINI
마티니

단단한 알코올의 느낌과 은은한 향신료, 식물재료, 은은한 시트러스

마티니의 기원을 얘기할 때, 1887년에 제리 토머스Jerry Thomas가 개발하여 샌프란시스코의 옥시 덴탈 호텔에서 판매했다는 "마르티네즈" 칵테일이 언급되곤 하는데, 이 이야기에는 몇 가지 문제가 있습니다. 토머스가 죽고 2년이 지나서야 출판된 그의 책에 담긴 마르티네즈 레시피가 지금 알려진 마티니와는 전혀 달랐기 때문입니다. 베르무트 로쏘 · 비터스 · 레몬 · 마라스키노 리큐어가 들어가는 게 특징입니다.

현재까지 마티니의 기원으로 가장 유력한 것은 1863년 이탈리아의 베르무트 제조사인 "마티니&로시Martini&Rossi"에서 개발했다는 것입니다. 당시 베르무트 판매 촉진을 위해 진과 베르무트를 혼합해 올리브나 레몬 트위스트로 연출했는데, 오늘날까지 많은 사람이 즐기는 마티니의 모습과 같습니다.

- **RECIPE**

    STIRR, COCKTAIL GLASS, ABOUT 38% ABV, 90ml

    봄베이 사파이어 진 30ml (드라이 진)
    몽키 47 진 30ml
    노일리프랏 베르무트 10ml (드라이 베르무트)
    올리브 1개
    레몬 껍질

- **METHOD**

    ① 믹싱 글라스에 얼음을 채우고 진과 베르무트를 넣는다.
    ② 스터링 기법으로 서서히 50회가량 젓는다.
    ③ 차갑게 보관된 글라스에 내용물만 여과해 담는다.
    ④ 레몬 껍질로 글라스 주변에 에센스를 코팅하고 올리브로 연출한다.

- **TASTE**

BRONX
브롱스

농후한 오렌지의 풍미와 오일리한 질감, 향긋한 자연의 내음

퍼펙트 마티니를 변형한 칵테일로, 월도프 아스토리아 호텔의 조니 솔란Johnnie Solon이라는 사람이 개발했다고 전해집니다. 만취한 손님이 분홍 코끼리 같은 이상한 동물들이 보인다고 술주정을 부리는 모습에서 브롱스 동물원을 떠올려 만들어진 이름이라고 합니다. 솔란에 따르면, 그 사건 이후로 브롱스 칵테일이 인기를 얻어 레스토랑에 오렌지가 동이 나는 사태가 계속 벌어졌다고 합니다. 그 후로 언제부턴가 미국 대통령인 윌리엄 하워드 태프트William Howard Taft를 비롯한 많은 사람이 아침에 오렌지주스를 마셨다고 합니다.

- **RECIPE**

    SKAKE, COCKTAIL GLASS, ABOUT 25% ABV, 90ml

    봄베이 사파이어 진 30ml (드라이 진)
    마티니 로쏘 베르무트 15ml (스위트 베르무트)
    마티니 엑스트라 드라이 베르무트 10ml (드라이 베르무트)
    오렌지주스 15ml
    오렌지 껍질

- **METHOD**

    ① 셰이커에 각 재료를 넣고 얼음과 함께 셰이킹한다.
    ② 차갑게 보관된 글라스에 내용물만 여과해 담는다.
    ③ 오렌지 껍질로 글라스 주변에 에센스를 코팅하고 연출한다.

- **TASTE**

    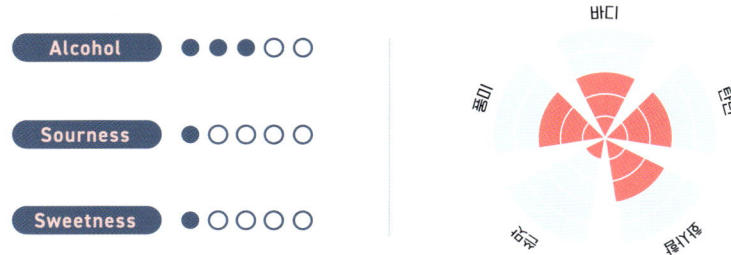

SINGAPORE SLING
싱가포르 슬링

달콤한 트로피컬주스와 향긋한 풍미, 매력적인 오렌지와 아로마가 느껴진다

싱가포르의 레플스 호텔에 있는 롱 바Long Bar에 근무하는 남통분Ngiam Tong Boon이라는 바텐더가 대회에서 선보인 칵테일입니다. 서머셋 모옴Somerset Maugham이라는 작가가 레플스 호텔에 머물면서 "엑조틱한 동양의 신비"라고 평한 싱가포르의 석양을 이미지화했으며, 처음엔 스트레이트 슬링이라고 불리다가 싱가포르 슬링이라는 이름으로 굳어진 것이라 합니다. 슬링은 '들이마신다'의 독일어인 슐링겐schlingen이 어원입니다. 싱가포르 슬링의 원형은 '슬링, 진 슬링'이며 과거에는 진과 설탕, 물, 한 덩이의 얼음만으로 만들었다고 합니다.

- **RECIPE** SHAKE, TALL GLASS, ABOUT 14% ABV, 130ml

  1/8 파인애플 조각
  봄베이 사파이어 진 30ml (슬로우 진)
  디카이퍼 트리플섹 7.5ml (오렌지 큐라소)
  D.O.M 베네딕틴 7.5ml
  디카이퍼 체리 브랜디 15ml (체리 브랜디)
  그레나딘 시럽 15ml
  앙고스투라 비터스 1대시
  라임주스 15ml

- **METHOD**
  ① 셰이커에 파인애플 조각을 넣고 충분히 으깬다.
  ② 나머지 재료를 넣고 얼음과 함께 셰이킹한다.
  ③ 얼음 채운 글라스에 내용물만 담는다.
  ④ 파인애플 · 라임 · 체리 등으로 연출한다.

- **TASTE**

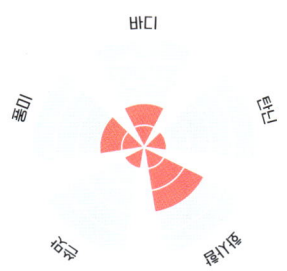

WHITE LADY
화이트 레이디

은은한 오렌지의 풍미와 산뜻한 레몬의 맛, 향긋한 진의 풍미 또는 민트의 개운한 느낌

남편이나 남자친구의 배신으로 억울하게 죽음을 맞이한 여성 유령을 의미합니다. 사이드카 칵테일과 밀접한 관계가 있으며, 최초의 레시피에는 크렘 드 민트 Cream de menthe가 들어갑니다. 요즘의 레시피까지 두 가지 버전을 모두 알려드릴게요.

• **RECIPE** SHAKE, COCKTAIL GLASS, ABOUT 28% ABV, 105ml

WHITE LADY 1 In London 1919 Recipe

디카이퍼 크렘 드 민트 30ml
디카이퍼 트리플섹 30ml
레몬주스 30ml

WHITE LADY 2 at Harry's Bar PARIS, 1929 Recipe

봄베이 사파이어 진 30ml (드라이 진)
디카이퍼 트리플섹 30ml (오렌지 큐라소)
레몬주스 30ml

• **METHOD**
① 셰이커에 각 재료를 넣고 얼음과 함께 셰이킹한다.
② 차갑게 보관된 글라스에 내용물만 여과해 담는다.
③ 레몬 껍질로 글라스 주변에 에센스를 코팅하고 연출한다.

• **TASTE**

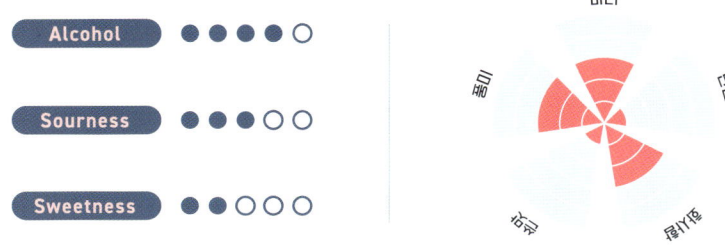

BRAMBLE
브램블

상큼하고 달콤한 블랙베리의 맛과 향긋한 진의 풍미가 단단하고 조화롭게 느껴진다

1980년 딕 브래드셀Dick Bradsell이 런던에서 개발한 칵테일이며, 유럽 전역에서 오늘날까지 진 베이스 칵테일로 사랑받고 있습니다. 세계적인 진 브랜드인 봄베이 사파이어에서도 최근에 봄베이 브램블 제품을 출시했을 정도이니, 인기를 가늠할 수 있겠죠?

- **RECIPE** BUILD, ROCK GLASS, ABOUT 24% ABV, 120ml

    봄베이 사파이어 진 50ml (드라이 진)
    설탕 시럽 20ml
    블랙베리 리큐르 15ml
    레몬주스 25ml

- **METHOD**
    ① 셰이커에 각 재료를 넣고 얼음과 함께 셰이킹한다.
    ② 얼음을 채운 글라스에 내용물만 여과해 담는다.
    ③ 블랙베리 또는 레몬으로 연출한다.

- **TASTE**

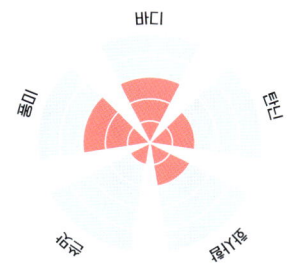

BASIL SMASH
바질 스매시

향긋하고 풍부한 자연의 내음, 상큼하고 깔끔한 느낌

세상에 알려진 지 오래되지 않았습니다. 2008년 독일 함부르크에 있는 르 라리온 바 Le Lion Bar de Paris의 요그 메이어 Jorg Meyer가 개발했고, 처음 붙여진 이름은 "진 페스토"였습니다. 온라인을 통해 세계로 퍼져 나가면서 이름이 바질 스매시로 변경됐죠. 요그는 다음과 같은 메시지를 꼭 참고하라고 합니다.

"바질을 충분히 넣고, 진은 60ml를 넣을 것. 70ml를 넣는 건 사랑입니다."

- **RECIPE**   MUDDLE & SHAKE, ROCK GLASS, ABOUT 28% ABV, 100ml

    바질잎 10개
    레몬 0.5 개
    봄베이 사파이어 진 60ml (런던 드라이 진)
    설탕과 물 2:1 비율의 시럽 10ml

- **METHOD**   ① 셰이커에 레몬을 깍뚝썰어 넣고 바질과 함께 으깬다.
    ② 진과 설탕 시럽을 넣고 얼음과 함께 셰이킹한다.
    ③ 얼음을 채운 글라스에 내용물만 여과해 담는다.
    ④ 바질로 연출한다.

- **TASTE**

    Alcohol ●●●●○
    Sourness ●●●○○
    Sweetness ●●○○○

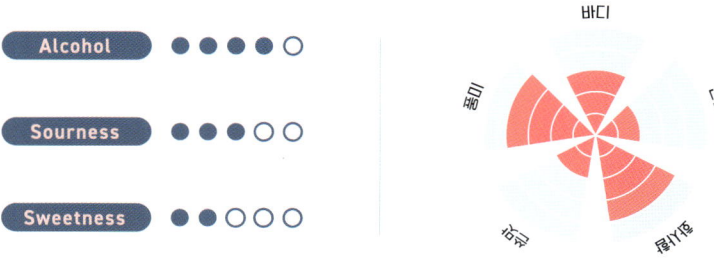

김봉하의 진 칵테일

HERB GIMLET
허브 김렛

자연의 복합적인 풍미, 시트러스, 복잡미묘한 아로마

자연에서 얻는 다양한 허브의 풍미를 담은 칵테일로 레몬의 시트러스, 바질의 따뜻함, 민트의 시원함, 로즈메리의 향긋함을 사계절로 표현했습니다. 흙에서 느낄 수 있는 깊은 풍미는 트러플 오일로 연출했습니다.

진에서 느껴지는 식물재료의 조화를 생각하다 영감을 얻어 만들었으며, 레시피의 구조는 김렛의 대중적인 요소를 짚어 완성했습니다. 개발한 지 10여 년이 지난 오늘까지도 제가 운영하는 믹솔로지에서 많은 사랑을 받는 칵테일입니다. 언젠가 모던 클래식 칵테일로 널리 전파되길 희망합니다.

- **RECIPE** MUDDLE & SHAKE, ROCK GLASS, ABOUT 18% ABV, 120ml

  레몬 0.5개
  민트 · 로즈메리 · 바질 각각의 잎 2개
  설탕 1티스푼
  몽키 47 진 45ml
  설탕 시럽 30ml
  트러플 오일 3대시

- **METHOD**
  ① 셰이커에 레몬을 깍뚝썰기해서 넣고 허브 · 설탕과 함께 으깬다.
  ② 진과 설탕 시럽을 넣고 얼음과 함께 셰이킹한다.
  ③ 얼음을 채운 글라스에 내용물만 여과해 담는다.
  ④ 트러플 오일을 3방울 떨어뜨리고 바질로 연출한다.

- **TASTE**

김봉하의 진 칵테일

Zephyr CARAMEL
제피르 캐러멜

바닐라, 캐러멜, 달콤하고 단단한 알코올의 밸런스

세계적인 MOF 쇼콜라티에 장미쉘Jean-Michel Perruchon의 내한 기념으로 그의 작품과 함께 페어링되어 사랑받고 있는 칵테일입니다. 달콤한 캐러멜과 바닐라의 풍미가 진하게 전해지며, 단단하고 드라이한 맛이 특징입니다. 세월의 흔적을 남기듯 오랜 시간 동안 작은 오크통에서 숙성하여 스몰 배치된 칵테일입니다.

- **RECIPE** BUILD, ROCK GLASS, ABOUT 38% ABV, 80ml

  봄베이 사파이어 진 2병
  캐러멜 & 얼그레이 티 5개
  바닐라빈 10개
  아우노 슈가 2컵 (유기농 설탕)

- **METHOD**

① 밀폐용기에 진과 티를 넣고 직사광선이 없는 서늘한 곳에서 약 3일간 보관한다.
② 밀폐용기의 티를 제거하고 바닐라빈을 반으로 갈라서 넣은 뒤 다시 3일간 보관한다.
③ 밀폐용기의 바닐라빈을 제거하고 아우노 슈가를 넣어 잘 젓는다.
④ 작은 오크통에서 최소 3개월간 보관한 다음 여과하여 소독한 병으로 옮겨 담는다.
⑤ 주조: 제피르 캐러멜 믹스 60ml를 믹싱 글라스에서 얼음과 함께 충분히 저은 뒤 얼음을 채운 글라스에 여과해 담아낸다. 바닐라빈으로 연출한다.

- **TASTE**

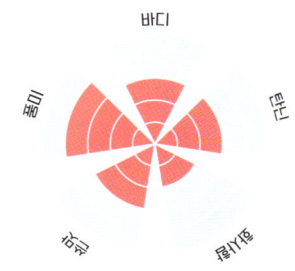

김봉하의 진 칵테일

MIXOLOGY COCKTAIL DRAW GIN TONIC
믹솔로지 칵테일 드로우 진 토닉

진에서 느껴지는 은은한 식물재료의 풍미, 아름다운 블루 라인과 시트러스, 청량감

글라스 안쪽에 그림을 그리듯 한 줄 그으면 향긋한 풍미와 아름다운 컬러를 연출할 수 있는 칵테일 드로우. 이걸 개발하기 위해 저와 믹솔로지 팀은 수많은 착오를 겪어야 했습니다. 진 토닉 등의 칵테일에는 시트러스 풍미가 느껴지는 시원한 블루 컬러를 사용하고, 위스키 베이스의 칵테일에는 바닐라와 스모크 풍미가 느껴지는 매트블랙 컬러를 추천합니다. 현재 국내의 많은 바텐더와 해외 바텐더에게 사용되고 있습니다. 우리는 다시 한번, 그 무엇도 만들 수 있다는 열정과 자신감을 얻게 되었습니다.

- **RECIPE**

    BUILD, TALL GLASS, ABOUT 12% ABV, 150ml

    칵테일 드로우 블루
    봄베이 사파이어 진 45ml
    라임주스 10ml
    토닉워터 90ml

    * 칵테일 드로우는 바 용품 온라인 몰 www.barmade.co.kr에서 구매할 수 있습니다.

- **METHOD**

    ① 글라스를 기울여 안쪽면에 칵테일 드로우를 세로로 그린다.
    ② 얼음을 채우고 진 · 라임주스를 넣은 뒤 토닉워터를 채운다.
    ③ 가볍게 젓는다.

- **TASTE**

    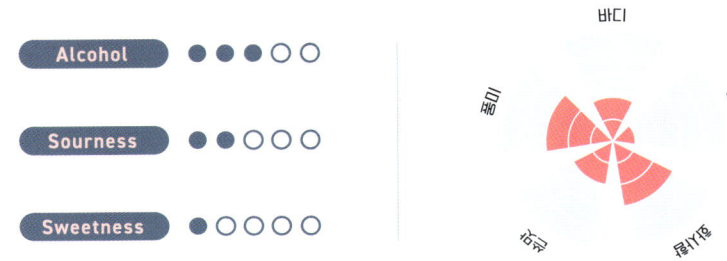

김봉하의 진 칵테일

FLORENCE ROYAL
플로렌스 로얄

아름다운 핑크빛과 진한 라즈베리, 향긋한 진과 샴페인 버블

1897년 프랑스에서 탄생한 FRENCH 75 칵테일에 라즈베리와 다양한 믹솔로지 기법으로 재해석한 칵테일입니다. 라즈베리 · 진 · 샴페인의 조합으로 누구나 향긋한 풍미와 천천히 피어나는 진의 여운을 달콤한 라즈베리와 함께 즐길 수 있습니다.

- **RECIPE** SHAKE, TALL GLASS, ABOUT 18% ABV, 120ml

  라즈베리 4개
  봄베이 브램블 30ml (드라이 진)
  라임주스 15ml
  설탕 시럽 10ml
  스푸만테 가득

- **METHOD**
  ① 셰이커에 라즈베리를 넣고 으깬 다음 봄베이 브램블과 라임주스를 넣는다.
  ② 설탕 시럽을 넣고 얼음과 함께 셰이킹한다.
  ③ 얼음을 채운 글라스에 내용물만 여과해 담는다.
  ④ 스푸만테를 가득 채우고 가볍게 젓는다.

- **TASTE**

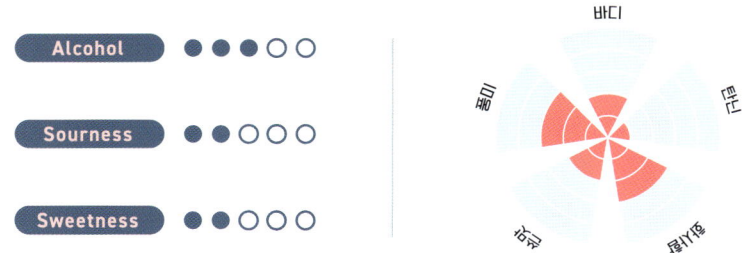

보드카 베이스

전 세계 바에서 가장 큰 비중을 차지하는 칵테일 베이스는 보드카입니다. 부재료의 특징을 돋보이게 만들며 깔끔한 맛을 연출하기에 대체할 스피릿이 없을 정도입니다.
순수한 스피릿의 맛과 단단한 밸런스, 사용하려는 재료의 특징을 돋보이게 만드는 데 집중해 봅시다.

LE GRAND FIZZ
르 그랑 피즈

은은한 흰색 꽃의 향긋함, 적절한 산미와 함께 느껴지는 기분 좋은 탄산

그레이 구스 브랜드의 앰배서더로 활동하던 2002년, 오스카 아카데미에 초청받아 LA의 소호 하우스에서 열린 "마틴 스코세이지 프리-오스카 파티"에 참석했습니다. 스크린에서나 보던 수많은 스타가 샴페인을 즐기고 있었는데요, 우리의 역할은 샴페인을 마시지 못하는 사람들을 위해 개발한 "르 피즈" 칵테일을 소호 하우스의 바텐더들에게 알려주는 것이었습니다. 샴페인 글라스에 향긋한 엘더플라워 꽃내음과 기분 좋은 산미, 강렬한 탄산감, 단단한 알코올의 밸런스가 마치 샴페인을 마시는 듯한 착각을 불러일으키는 르 피즈.

우리는 이후 조금 더 큰 글라스를 사용해 얼음을 넣고 만들어서 여름철 휴양지를 즐기는 느낌을 연출했습니다. 바로 "르 그랑 피즈"입니다.

- **RECIPE** SHAKE, WHITE WINE GLASS, ABOUT 13% ABV, 150ml

    그레이 구스 보드카 30ml (보드카)
    생제르맹 리큐르 30ml
    라임주스 15ml
    라임 탄산수 60ml

- **METHOD**
    ① 글라스에 얼음을 가득 채운다.
    ② 셰이커에 보드카 · 리큐르 · 라임주스를 넣고 얼음과 함께 쉐이킹한다.
    ③ 내용물을 여과하여 넣고, 라임향이 첨가된 탄산수를 채운다.
    ④ 가볍게 저은 다음 라임으로 연출한다.

- **TASTE**

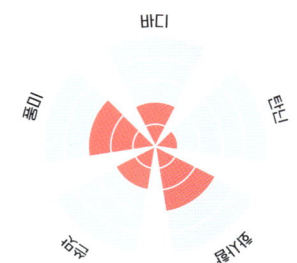

COSMOPOLITAN
코스모폴리탄

아름다운 컬러와 함께 느껴지는 단단한 밸런스, 오렌지와 시트러스의 조화

코스모폴리탄의 등장에는 다양한 주장이 제기되고 있지만, 확실한 건 미국 드라마인 "섹스 앤 더 시티 Sex And The City"를 통해 많은 사람에게 알려졌다는 것이죠. 비슷한 칵테일로는 1934년에 출간된 "Pioneers of Mixing at Elite Bars"라는 책에 나오는 "코스모폴리탄 데이지"가 있는데, 오늘날의 코스모폴리탄과 흡사하지만, 보드카가 아닌 진을 베이스로 하고, 크랜베리주스가 아닌 라즈베리주스를 사용했다고 합니다. 새콤달콤한 맛과 뒤이어 느껴지는 단단한 알코올의 밸런스, 아름다운 컬러를 가졌습니다. 마치 패션 소품처럼 활용되며 뉴욕에서 많은 인기를 누볐고 세계로 확산하였습니다.

- **RECIPE**

    SHAKE, COCKTAIL GLASS, ABOUT 18% ABV, 110ml

    그레이 구스 보드카 30ml (보드카)
    디카이퍼 트리플섹 15ml (오렌지 큐라소)
    레몬주스 15ml
    크랜베리주스 30ml

- **METHOD**

    ① 셰이커에 모든 재료를 넣고 얼음과 함께 셰이킹한다.
    ② 차갑게 보관된 글라스에 내용물만 여과해 담는다.
    ③ 레몬 껍질 또는 오렌지 껍질로 글라스 주변에 에센스를 코팅하고 연출한다.

- **TASTE**

    Alcohol ●●●○○
    Sourness ●●●○○
    Sweetness ●●○○○

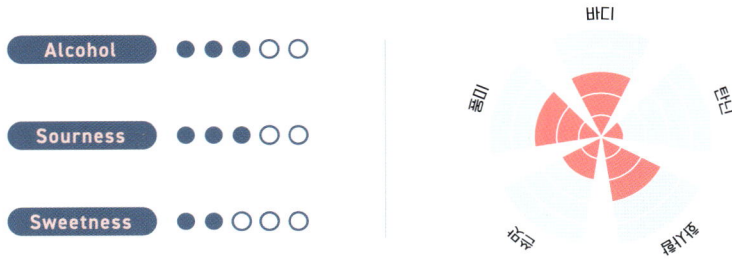

꺄이피로스카
CAIPIROSKA

라임의 풍부한 산미와 아로마 뒤에 느껴지는 단단한 알코올의 밸런스, 기분 좋은 단맛

브라질에서는 사탕수수즙을 원료로 럼과 흡사한 술을 만드는데, 이를 카차샤Cachaça 혹은 차차카, 카샤사 등으로 발음합니다. CACHACÇA 51 브랜드의 공식 수입사인 FJ KOREA에서는 "카차샤"로 표기합니다. 이 카차샤를 이용한 대표 칵테일은 꺄이피린냐인데, 베이스를 보드카로 바꾸면 꺄이피로스카가 됩니다. 저는 이 두 가지 칵테일을 모두 좋아하는데요, 특히 깔끔하고 단단한 맛의 밸런스와 함께 라임의 상큼하고 향긋한 풍미가 느껴지는 꺄이피로스카를 즐깁니다.

- **RECIPE** MUDDLE, ROCK GLASS, ABOUT 15% ABV, 90ml

  라임 1개
  황설탕 또는 데메라라 슈거 1스푼
  그레이 구스 보드카 50ml (보드카)

- **METHOD**
  ① 글라스에 라임을 깍뚝썰기하여 넣고 설탕을 넣는다.
  ② 라임을 충분히 으깬 다음 보드카를 넣는다.
  ③ 조각 얼음을 가득 채운 다음 충분히 젓고 얼음을 더 채운다.
  ④ 라임으로 연출한다.

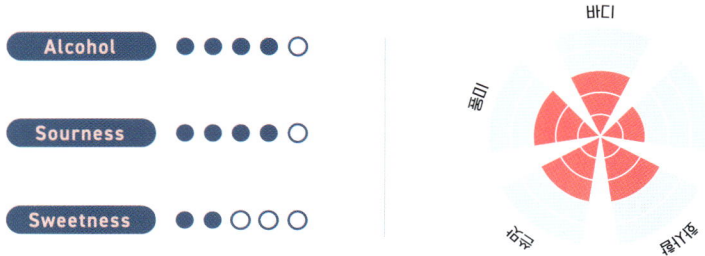

MOSCOW MULE
모스코 뮬

갈증이 해소되는 개운한 풍미와 상큼하고 시원한 라임, 적절한 청량감

앞에서 어원과 함께 설명했던 모스코 뮬입니다. 매력적인 생강의 개운한 풍미를 더욱 극대화해서, 더운 날의 갈증을 해소하는 시원한 모스코 뮬. 진저에일 또는 진저비어를 사용하지만, 저는 생강의 특징을 더욱 세련되고 강렬하게 표현하기 위해 진짜 생강도 믹서기에 갈아 사용하고 있습니다.

- **RECIPE** BLEND, COOPER GLASS, ABOUT 10% ABV, 150ml

  생강 5g(약 마늘 한 쪽 크기)
  라임주스 15ml
  그레이 구스 보드카 45ml (보드카)
  진저에일 또는 진저비어 90ml

- **METHOD**
  ① 뮬 글라스에 얼음을 가득 채웁니다.
  ② 저그에 생강 한 쪽, 라임주스, 보드카, 약간의 진저에일 또는 진저비어를 넣습니다.
  ③ 핸드 블렌더 또는 믹서기를 사용해 충분히 갈아줍니다.
  ④ 글라스에 생겨난 물을 따라 내고, 저그의 내용물을 여과하여 넣습니다.
  ⑤ 진저에일 또는 진저비어를 채우고 라임으로 연출합니다.

- **TASTE**

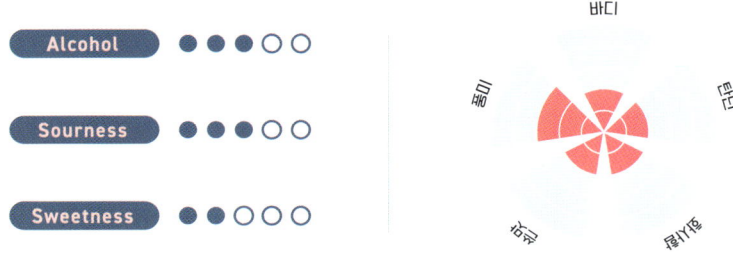

김봉하의 보드카 칵테일

ESPRESSO MARTINI
에스프레소 마티니

디저트 같은 기분 좋은 단맛, 향긋한 커피, 단단한 알코올의 밸런스

이탈리아의 카페에서는 사케라토라는 에스프레소와 설탕을 세이킹한 음료를 만날 수 있습니다. 여기에 보드카까지 셰이킹하면 에스프레소 마티니가 되는 거죠. 방법론적 시각으로 쉽게 설명했지만, 에스프레소 마티니가 전하는 메시지는 강력합니다.

우리는 바와 카페, 레스토랑을 구분 지으며 술과 커피를 판매하고 있지만, 유럽은 어디서나 에스프레소 마티니를 주문할 수 있습니다. 바로 커피라는 공통 관심사에서 비롯된 것이고, 대중적인 재료라는 시각으로 술을 바라본 결과입니다. 이 레시피는 2000년대 초반, 청담의 어느 한 카페 & 바에서 커피를 누구보다 잘 아는 유명 바리스타인 이영민 님, 임종명 님과 함께 시작한 프로젝트의 결과물입니다. 갓 뽑아낸 에스프레소를 차가운 보드카와 리치 시럽(2:1 설탕 시럽)으로 강하게 셰이킹해 담아낸 것이 원형입니다. 이후 바닐라빈 시드와 향긋한 풍미의 에이징 럼이 추가되면서 김봉하의 자신 있는 레시피가 되었습니다.

- **RECIPE**

    SHAKE, COCKTAIL GLASS, ABOUT 18% ABV, 140ml

    그레이 구스 보드카 45ml (보드카)
    플로르 데 카냐 12Y 5ml (에이징 럼)
    설탕과 물 2:1 비율의 시럽 15ml
    에스프레소 50ml
    바닐라빈 시드 1핀치

- **METHOD**

    ① 셰이커에 모든 재료를 넣는다.
    ② 얼음과 함께 강하게 셰이킹한다.
    ③ 글라스에 내용물만 여과해 담는다.
    ④ 커피빈으로 연출한다.

- **TASTE**

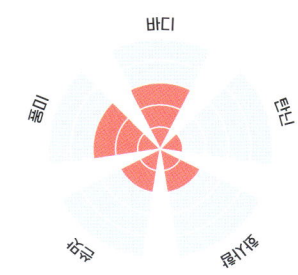

APPLE MARTINI
애플 마티니

새콤달콤한 청사과의 맛과 향, 단단한 알코올의 밸런스

2000년대, 다양한 매체에서 보드카에 크랜베리를 믹스해서 즐기는 장면과 앱솔루트 보드카의 모던한 패키지는 젊은 이들을 대표하는 트렌드였습니다. 이때 보드카 베이스의 달콤한 과일 마티니가 등장했는데, 바텐더들은 웃지 못할 해프닝을 겪곤 했죠. 애플 마티니를 즐기던 사람이 드라이 마티니를 주문하고서 "쓰다, 독하다"라는 의견을 내는 등 마티니의 혼란기가 도래한 겁니다.

제가 기억하는 애플 마티니는 새콤달콤한 청사과의 풍미와 깔끔하고 적당히 느껴지는 알코올 강도로 많은 사람에게 사랑받던 칵테일입니다.

- **RECIPE** SHAKE, COCKTAIL GLASS, ABOUT 18% ABV, 100ml

  사과 웨지
  그레이 구스 보드카 30ml (보드카)
  디카이퍼 애플퍼커 20ml
  라임주스 10ml

- **METHOD**
  ① 셰이커에 사과 한 조각을 넣고 으깬다.
  ② 나머지 재료를 넣고 얼음과 함께 충분히 셰이킹한다.
  ③ 차갑게 보관된 글라스에 내용물만 여과하여 담는다.
  ④ 사과로 연출한다.

- **TASTE** Alcohol ●●●○○

  Sourness ●●○○○

  Sweetness ●●●○○

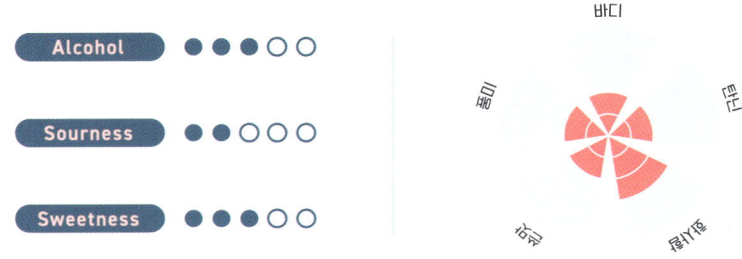

BLOODY MARY
블러디 메리

매력적인 토마토 수프의 맛과 감칠맛, 기분 좋은 시트러스, 셀러리의 풍미

소금 · 후추 · 타바스코 소스 · 우스타 소스 · 토마토주스 · 보드카 · 레몬주스를 하나로 혼합하려면 어떻게 해야 할까요? 현시점에 블러디 메리를 만드는 스타일은 크게 3가지 정도 있는데요, 차례대로 재료를 넣고 가볍게 저어서 만드는 빌드 방법, 얼음을 넣지 않고 드라이 셰이킹하는 방법, 셰이커의 틴 두 개로 액체를 교차하여 떨어뜨리는 스로윙 기법을 사용합니다. 각 재료를 충분히 혼합하고, 자신의 스타일에 따라 공기의 주입량을 적절히 조절하여 그 풍미와 밸런스를 연출합니다.

- **RECIPE**

  THROW, TALL GLASS, ABOUT 14% ABV, 140ml

그레이 구스 보드카 30ml (보드카)	V8 토마토주스 90ml
레몬주스 5ml	소금 1핀치
후추 1핀치	타바스코 소스 2대시
우스타 소스 2대시	셀러리

- **METHOD**

  ① 셰이커의 틴에 모든 재료를 넣는다.
  ② 또 다른 틴에 서서히 액체를 떨어 뜨려 교차하며 스로윙을 반복한다.
  ③ 내용물이 충분히 혼합되면 글라스에 얼음을 채우고 넣는다.
  ④ 셀러리 · 레몬 등으로 연출한다.

- **TASTE**

  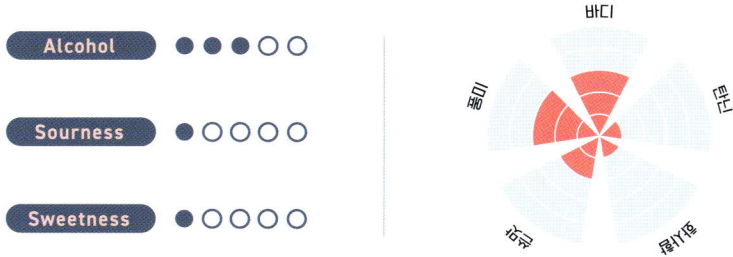

김봉하의 보드카 칵테일

BLANC DE BLANC
블랑 드 블랑

달콤하고 상큼한 포도와 향긋함이 전해지는 매력적인 칵테일

포도로 만드는 술의 공통점은 향긋한 풍미입니다. 꽃을 머금은 듯 아름다운 향이 느껴지는 소비뇽 블랑과 리치 향수와 같은 코냑, 매력적인 풍미의 레드 와인은 자연이 선사하는 최상의 선물이라 해도 과언이 아닙니다.
저는 포도에서 느껴지는 아름다운 풍미와 상큼함을 깔끔한 맛으로 연출해 냈습니다. 맑고 투명하고 깨끗한 맛이 순수한 포도에서 시작된다는 의미를 가진 블랑 드 블랑입니다.

- **RECIPE** MUDDLE & SHAKE, COCKTAIL GLASS, ABOUT 20% ABV, 150ml

  샤인머스캣 5알(연출용으로 몇 알 더 준비한다)
  그레이 구스 보드카 30ml
  소비뇽 블랑 와인 60ml
  라임 0.5개
  설탕 시럽 30ml

- **METHOD**
  ① 셰이커에 샤인머스캣을 넣고 으깬다.
  ② 모든 재료를 넣고 얼음과 함께 셰이킹한다.
  ③ 글라스에 내용물을 여과해 담는다.
  ④ 샤인머스캣으로 연출한다.

- **TASTE**

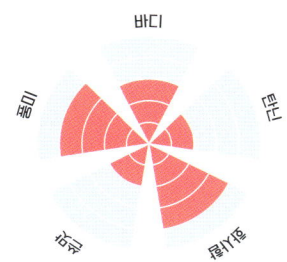

김봉하의 보드카 칵테일

VENDÔME MULE
방돔 뮬

묵직한 스모키 풍미 뒤에 이어지는 상큼하고 개운한 맛

프랑스 방돔 광장에는 다양한 사람과 문화가 존재합니다. 모스코 뮬도 레시피가 다양하고도 복잡하죠. 저도 다름을 인정하는 프랑스의 감성을 반영한 또 다른 뮬을 만들었습니다. 개운한 생강의 풍미와 시원한 민트, 상큼한 라임, 서양배의 맛과 향으로 입안을 향기롭게 하고, 시나몬 훈연을 통해 첫 번째 이미지의 향에 무게감을 더했습니다.

- **RECIPE** BLEND, COOPER GLASS, ABOUT 10% ABV, 150ml

  그레이 구스 라포아 45ml
  민트잎 2개
  생강 슬라이스 2개
  라임 0.5개
  진저에일 90ml
  시나몬 스틱 1개

- **METHOD**
  ① 글라스에 얼음을 채우고 칠링한다.
  ② 블렌더에 진저에일과 시나몬을 제외한 재료를 넣고 충분히 간다.
  ③ 글라스의 물을 따라낸 다음 갈아낸 내용물을 여과하여 담는다.
  ④ 진저에일을 채우고 가볍게 저은 다음 라임으로 연출한다.
  ⑤ 시나몬 스틱을 훈연하여 향을 가둔다.

- **TASTE**

  Alcohol ● ● ● ○ ○
  Sourness ● ● ● ○ ○
  Sweetness ● ● ○ ○ ○

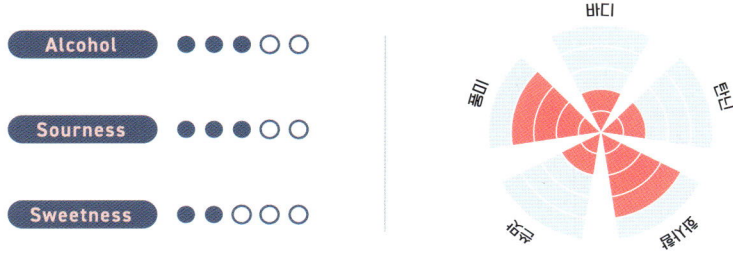

김봉하의 보드카 칵테일

MOULIN ROUGE
물랑루즈

라즈베리 · 버터스카치 · 바닐라 등의 풍미가 느껴지는 상큼한 칵테일

매력적인 붉은 컬러와 상큼한 베리류, 짙고 풍부한 버터, 바닐라 등의 풍미가 느껴지는 칵테일로 눈으로 연상할 수 있는 재료의 특징을 숨겨서 디퓨저와 같은 효과를 연출합니다. 입 안에서 다양한 맛과 향을 느낄 수 있습니다.

- **RECIPE**

  BLEND, TALL GLASS, ABOUT 13% ABV, 180ml

  라즈베리 보드카 45ml
  디카이퍼 버터스카치 30ml
  라즈베리 5g
  레몬주스 15ml
  설탕 시럽 10ml
  탄산수 60ml
  허브 또는 바닐라빈

- **METHOD**

  ① 블렌더에 모든 재료를 넣고 충분히 간다.
  ② 불투명한 글라스에 내용물을 담는다.
  ③ 그 위로 얼음을 채우고 허브 또는 바닐라빈으로 연출한다.

- **TASTE**

  Alcohol ●●●○○
  Sourness ●●●○○
  Sweetness ●●●○○

럼 베이스

열대지역의 상징적인 아이콘으로 인식되는 럼의 매력적인 풍미와 깊은 맛, 여름날의 갈증을 해소하기 좋은 칵테일 베이스로 사용됩니다. 어니스트 헤밍웨이가 사랑한 다이퀴리와 모히토, 달콤한 열대과일의 풍미를 그대로 전하는 피냐 콜라다 등. 칵테일 카테고리에서 빠질 수 없는 럼의 세계를 살펴볼까요?

DAIQUIRI
다이퀴리

향긋한 럼의 단단한 밸런스와 풍부한 라임의 상큼한 산미

상큼한 라임과 절제된 설탕의 단맛이 깔끔한 럼의 풍미를 돋보이게 하는 클래식 칵테일입니다. 비교적 알코올이 강하게 느껴지지만, 차가운 온도와 새콤달콤한 맛을 지녀 클래식 칵테일을 좋아하는 이들에게 사랑받고 있습니다.

- **RECIPE**

    SHAKE, COCKTAIL GLASS, ABOUT 24% ABV, 90ml

    바카디 카르타 블랑카 럼 50ml (화이트 럼)

    라임주스 15ml

    설탕 2티스푼

- **METHOD**

    ① 셰이커에 모든 재료를 넣는다.
    ② 얼음과 함께 셰이킹, 일반적인 음료보다 더 길게 진행한다.
    ③ 차갑게 보관된 글라스에 내용물만 담는다.

- **TASTE**

    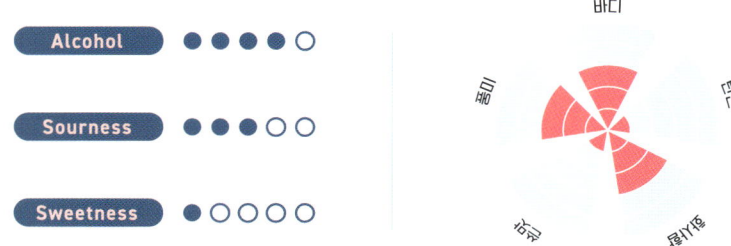

MOJITO
모히토

시원하고 개운한 민트, 은은한 라임과 럼의 풍미, 기분 좋은 청량감

모히토는 시원한 민트의 풍미와 상큼한 라임의 맛이 그대로 전해지는 청량감 있는 칵테일입니다. 무더운 여름, 모히토 한 잔이면 갈증을 금세 날려버릴 수 있어요. 전 세계에서 사랑받는 칵테일입니다.

- **RECIPE**

    MUDDLE, TALL GLASS, ABOUT 10% ABV, 120ml

    라임 0.5개
    설탕 1스푼
    민트잎 10–12개
    바카디 카르타 블랑카 럼 30ml (화이트 럼)
    탄산수 60ml

- **METHOD**

    ① 글라스에 라임을 깍뚝썰어 넣는다.
    ② 설탕을 넣고 충분히 으깬 다음 민트를 넣는다.
    ③ 가볍게 눌러준 뒤 럼을 넣는다.
    ④ 얼음과 탄산수를 가득 채우고 잘 젓는다.
    ⑤ 라임과 민트로 연출한다.

- **TASTE**

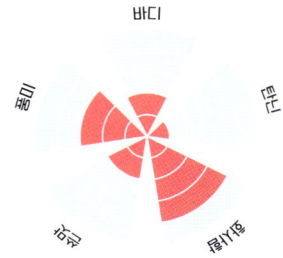

CUBA LIBRE
쿠바리브레

절제된 단맛과 라임의 상큼함, 은은한 럼의 풍미

리브레는 스페인어로 '자유'라는 뜻이며 이는 곧 '쿠바 만세'를 의미합니다. 쿠바가 스페인으로부터 독립한 것을 의미하고 있습니다. 미국을 대표하는 음료인 콜라와 쿠바에서 생산된 럼을 혼합하고 라임주스를 곁들여 마신 미국인들에 의해 전파되었습니다.

- **RECIPE**

    BUILD, TALL GLASS, ABOUT 10% ABV, 140ml

    라임 0.5개
    플로르 데 카냐 12Y 럼 30ml
    코크 90ml

- **METHOD**

    ① 글라스에 라임을 넣고 으깬 뒤 바카디를 넣는다.
    ② 얼음과 코크를 가득 채운다.
    ③ 잘 저은 다음 라임으로 연출한다.

- **TASTE**

    Alcohol ●●●○○
    Sourness ●●○○○
    Sweetness ●●●○○

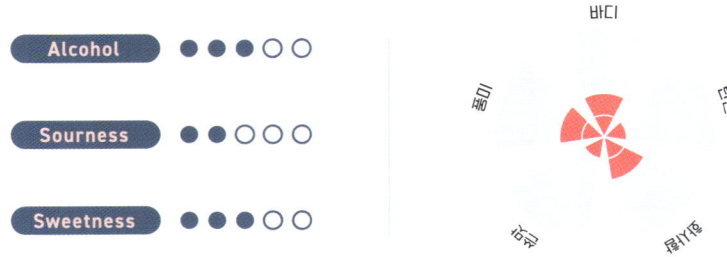

PIÑA COLADA
피냐 콜라다

달콤한 열대과일의 진한 맛과 부드러운 질감

스페인어로 잘 익은 파인애플을 피냐라고 합니다. 갓 짜낸 파인애플주스를 일컫는 피냐 프리아 Pina Fria와 얼음을 흔들어 걸러낸 시원한 음료를 가리키는 콜라다 Colada가 어느 바텐더에 의해 결합되어 럼 · 파인애플주스 · 코코넛의 완벽한 피냐 콜라다가 완성되었습니다.

- RECIPE

    SHAKE, TALL GLASS, ABOUT 10% ABV, 140ml

    파인애플 슬라이스 1개
    바카디 카르타 블랑카 럼 30ml (화이트 럼)
    코코넛 크림 15ml
    파인애플주스 60ml

- METHOD

    ① 셰이커에 신선한 파인애플을 넣고 으깬다.
    ② 나머지 재료와 얼음을 넣고 쉐이킹한다.
    ③ 얼음을 채운 글라스에 내용물만 담는다.
    ④ 파인애플로 연출한다.

- TASTE

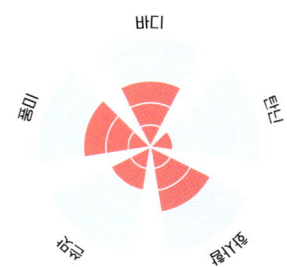

BOSTON COOLER
보스턴 쿨러

깔끔한 청량감 뒤에 전해오는 달콤한 럼의 풍미

미국 디트로이트에 기반을 둔 약사 제임스 버너 James Vernor가 배럴에 생강 추출물의 특수 혼합물을 숙성시켜 Vernor 라는 음료를 만들었습니다. 바닐라 아이스크림을 곁들여 즐기던 레시피에서 바닐라의 풍미가 느껴지는 숙성된 럼으로 대체하며 개발된 칵테일입니다.

- **RECIPE**

    SHAKE, TALL GLASS, ABOUT 10% ABV, 140ml

    플로르 데 카냐 12Y 럼 30ml (에이징 럼)
    레몬주스 15ml
    설탕 2티스푼
    진저에일 90ml

- **METHOD**

    ① 셰이커에 진저에일을 제외한 재료와 얼음을 넣고 쉐이킹한다.
    ② 얼음을 채운 글라스에 내용물만 담는다.
    ③ 진저에일을 채우고 레몬으로 연출한다.

- **TASTE**

    Alcohol ●●●○○
    Sourness ●●○○○
    Sweetness ●●○○○

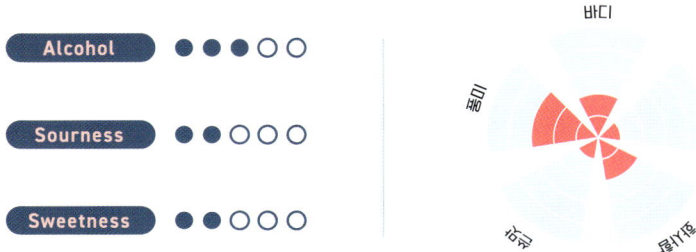

OLD FASHIONED
올드 패션드_럼

향긋한 오렌지 풍미 뒤에 전해오는 단단한 럼의 스파이시, 긴 여운의 아로마

위스키와 각설탕 하나, 그리고 비터로 만들어지는 간단하지만 다양한 맛과 향을 지닌 올드 패션드가 고전 칵테일을 대표합니다. 다양한 주종으로 파생되었고 가장 인기가 있는 건 럼 올드 패션드입니다. 올드 패션드는 '구식, 구닥다리'라는 의미가 아니라 전통적인 방법으로 만든다는 의미입니다.

• **RECIPE** BUILD, ROCK GLASS, ABOUT 33% ABV, 90ml

각설탕 2개
앙고스투라 비터스 2대시
플로르 데 카냐 12Y 럼 60ml (에이징 럼)
오렌지 껍질

• **METHOD**

① 글라스에 설탕과 비터를 넣는다.
② 럼 30ml를 넣고 잘 젓는다.
③ 얼음을 넣고 나머지 럼을 넣은 뒤 잘 젓는다.
④ 오렌지 껍질로 연출한다.

• **TASTE**

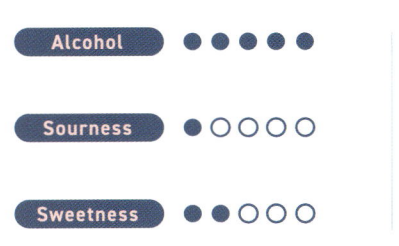

김봉하의 럼 칵테일

CHERRY PAUSE
체리 포즈

달콤한 럼과 향긋한 위스키의 조화, 기분 좋은 체리의 농후한 느낌

달콤하고 향긋한 럼의 풍미와 위스키의 매력적인 맛이 함께 느껴지며 농후한 체리가 전반적인 무게감을 연출하는 칵테일입니다. 체리 포즈는 다양한 재료 중에 체리의 풍미에 집중하며 즐기자라는 의미를 포함한 칵테일입니다.

- **RECIPE** BUILD, ROCK GLASS, ABOUT 18% ABV, 80ml

  듀어스 12Y 위스키 20ml
  플로르 데 카냐 12Y 럼 20ml
  체리 히어링 20ml
  마라스키노 체리

- **METHOD**
  ① 글라스에 얼음을 가득 채운다.
  ② 체리를 제외한 모든 재료를 넣는다.
  ③ 잘 저은 다음 체리로 연출한다.

- **TASTE**

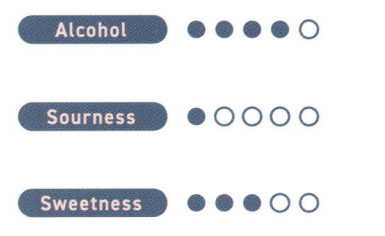

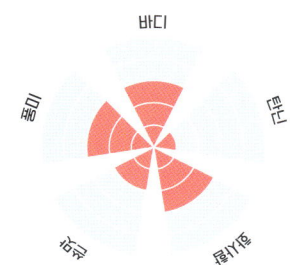

테킬라 베이스

강렬한 태양 아래에서 7년여의 시간으로 성장하는
아가베의 피냐로 만드는 테킬라. 그 맛과 향이 독특해
칵테일로 사용하면 더 매력적입니다. 세계적으로
사랑받는 마가리타 · 바탕가 · 팔로마 같은 칵테일을
함께 만들어 볼까요?

BATANGA
바탕가

풍부한 테킬라의 풍미와 라임의 상큼함, 기분 좋은 청량감의 밸런스

멕시코 테킬라 마을에 위치한 바, 라 카필라 La Capilla에서 나이프로만 만들어 내는 칵테일 바탕가를 개발했습니다. 100% 블루 아가베 테킬라 Agave Azul Tequilana Weber와 콜라 · 라임 · 소금으로 만드는 칵테일이며 진한 테킬라 풍미와 상큼한 맛과 콜라의 조화가 일품입니다.

- **RECIPE**

  BUILD, TALL GLASS, ABOUT 8% ABV, 140ml

  RIM에 바를 소금
  1800 실버 테킬라 45ml (블루 아가베 100% 테킬라)
  라임 웨지
  코크 90ml

- **METHOD**

  ① 글라스의 입 닿는 부분에 라임즙을 훔치듯 묻히고 소금을 바른다.
  ② 얼음을 가득 채우고 테킬라를 넣는다.
  ③ 라임 웨지를 손으로 짜서 즙을 넣고 코크를 넣는다.
  ④ 가볍게 저은 다음 라임으로 연출한다.

- **TASTE**

  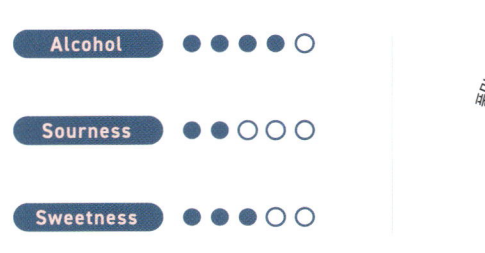
  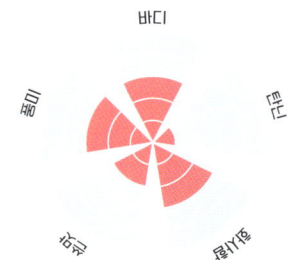

PALOMA
팔로마

달콤하고 상큼한 시트러스 뒤에 전해오는 부드러운 테킬라의 여운

100% 블루 아가베 테킬라 Agave Azul Tequilana Weber와 신선한 자몽주스, 그리고 강렬한 탄산수의 조합으로 만들어집니다. 향긋하고 달콤한 자몽소다와 테킬라의 매력적인 풍미가 조합된 이 칵테일도 멕시코 테킬라 마을의 바인 라 카필라 La Capilla에서 만들어졌습니다.

- **RECIPE**

  BUILD, TALL GLASS, ABOUT 10% ABV, 150ml

  라임주스 10ml
  RIM에 바를 소금
  1800 실버 테킬라 45ml (블루 아가베 100% 테킬라)
  자몽소다 90ml

- **METHOD**

  ① 글라스의 입 닿는 부분에 라임즙을 훔치듯 묻히고 소금을 바른다.
  ② 얼음을 가득 채우고 테킬라를 넣는다.
  ③ 라임 웨지를 손으로 짜서 즙을 넣고 자몽소다를 넣는다.
  ④ 가볍게 저은 다음 라임으로 연출한다.

- **TASTE**

  Alcohol ●●●●○
  Sourness ●●○○○
  Sweetness ●●○○○

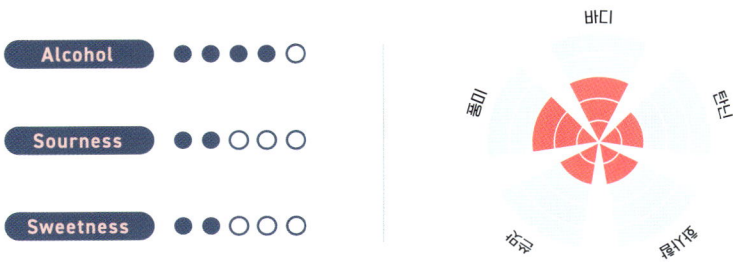

MARGARITA
마가리타

날카롭고 깔끔한 라임의 산미, 진한 테킬라의 여운과 함께 느껴지는 달콤한 오렌지의 풍미

마가리타의 역사도 수많은 이야기로 전해지고 있습니다. 그중에서 칵테일 역사가인 데이비드 원드리치 David Wondrich 의 말에 따르면, 스페인어로 마가리타가 데이지를 뜻하며 스피릿 · 리큐르 · 시트러스로 구성된 데이지 칵테일에 테킬라를 적용해 탄생한 것이 현재의 마가리타라고 합니다. 오래전에 개발된 칵테일에서도 이와 흡사한 구성의 레시피가 많지만, 멕시코의 테킬라 자부심이 상당한 만큼 마가리타 칵테일도 큰 인기를 누리며 세계적으로 유명해졌습니다.

- **RECIPE**

  SHAKE, COCKTAIL GLASS, ABOUT 14% ABV, 100ml

  라임주스 15ml
  RIM에 바를 소금
  호세 쿠엘보 실버 45ml (실버 테킬라)
  디카이퍼 트리플섹 15ml (오렌지 큐라소)

- **METHOD**

  ① 글라스의 입 닿는 부분에 라임즙을 훔치듯 묻히고 소금을 바른다.
  ② 셰이커에 모든 재료를 넣고 얼음과 함께 셰이킹한다.
  ③ 글라스에 내용물만 담고 라임으로 연출한다.

- **TASTE**

  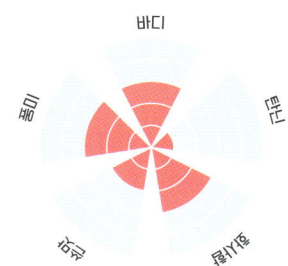

FROZEN MARGARITA
프로즌 마가리타

시원한 아이스 프레이크와 함께 느껴지는 풍부한 테킬라의 풍미, 기분 좋은 산미

무더운 여름 날씨에는 누구나 시원한 음료를 기대합니다. 기존 클래식 마가리타에 조각 얼음을 한 스쿱 넣고 시원하게 즐기는 프로즌 마가리타는 멕시코와 미국 패밀리 레스토랑에서 소개되어 인기를 누렸습니다. 아주 차가운 프로즌 상태로 제공되며 잠시나마 더위와 갈증에서 벗어나게 하는 향긋하고 달콤한 칵테일입니다.

- **RECIPE**

SHAKE, COCKTAIL GLASS, ABOUT 14% ABV, 160ml

라임주스 20ml
RIM에 바를 소금
호세 쿠엘보 실버 30ml (실버 테킬라)
디카이퍼 트리플섹 15ml (오렌지 큐라소)
설탕 2티스푼

- **METHOD**

① 글라스의 입 닿는 부분에 라임즙을 훔치듯 묻히고 소금을 바른다.
② 블렌더에 모든 재료를 넣고 조각 얼음과 함께 간다. 도중에 설탕과 조각 얼음을 조금 추가하며 간다.
③ 글라스에 내용물만 담고 라임으로 연출한다.

- **TASTE**

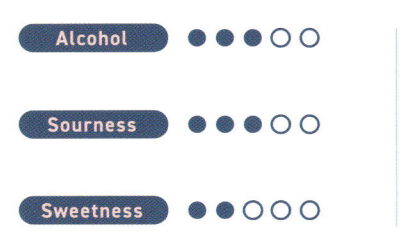
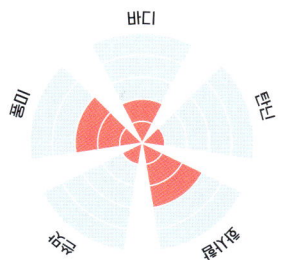

TOMMY'S MARGARITA
토미스 마가리타

라임의 새콤한 맛, 달콤한 아가베의 풍미와 부드러운 테킬라의 여운

1987년 샌프란시스코의 토미스 맥시칸Tommy's Mexican 레스토랑에서 줄리오 베르메호Julio Bermejo가 테킬라·라임 주스·아가베 시럽으로 마가리타 베리에이션 음료를 만들었습니다. 테킬라는 아가베 식물의 뿌리를 사용해 만들어지는데, 기존 마가리타 레시피에 사용되는 오렌지 큐라소 대신 아가베 시럽을 사용한 점이 바텐더들 사이에서 인기를 얻으며 세계로 확산했습니다.

- **RECIPE**

  SHAKE, ROCK GLASS, ABOUT 14% ABV, 120ml

  라임주스 30ml
  RIM에 바를 소금
  1800 실버 테킬라 60ml (블루 아가베 100% 테킬라)
  아가베 시럽 15ml

- **METHOD**

  ① 글라스의 입 닿는 부분에 라임즙을 훔치듯 묻히고 소금을 바른다.
  ② 셰이커에 모든 재료를 넣고 얼음과 함께 셰이킹한다.
  ③ 글라스에 얼음과 모든 내용물을 담고 라임으로 연출한다.

- **TASTE**

  Alcohol ●●●●○
  Sourness ●●●○○
  Sweetness ●●●○○

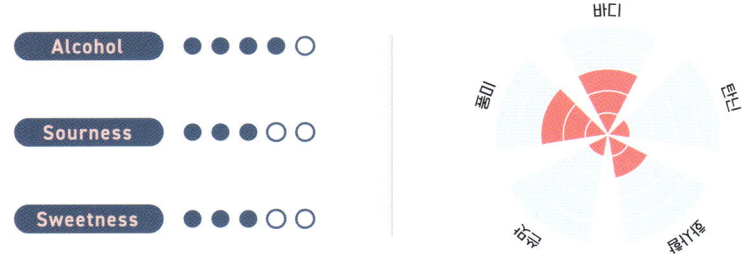

김봉하의 테킬라 칵테일

COCO CRUSH
코코 크러쉬

열대 과일의 풍부한 느낌과 부드러운 테킬라의 여운

열대지역을 연상시키는 파인애플의 달콤한 맛과 코코넛의 향긋함은 부드러운 테킬라의 풍미와 조화를 이룹니다. 테킬라의 대중성을 넓히고자 제가 직접 개발한 칵테일입니다.

- **RECIPE** BUILD, TALL GLASS, ABOUT 10% ABV, 120ml

    1800 실버 테킬라 30ml
    말리부 럼 15ml
    100% 파인애플주스 60ml

- **METHOD**
    ① 글라스에 얼음을 가득 채운다.
    ② 모든 재료를 넣고 잘 젓는다.
    ③ 파인애플로 연출한다.

- **TASTE**

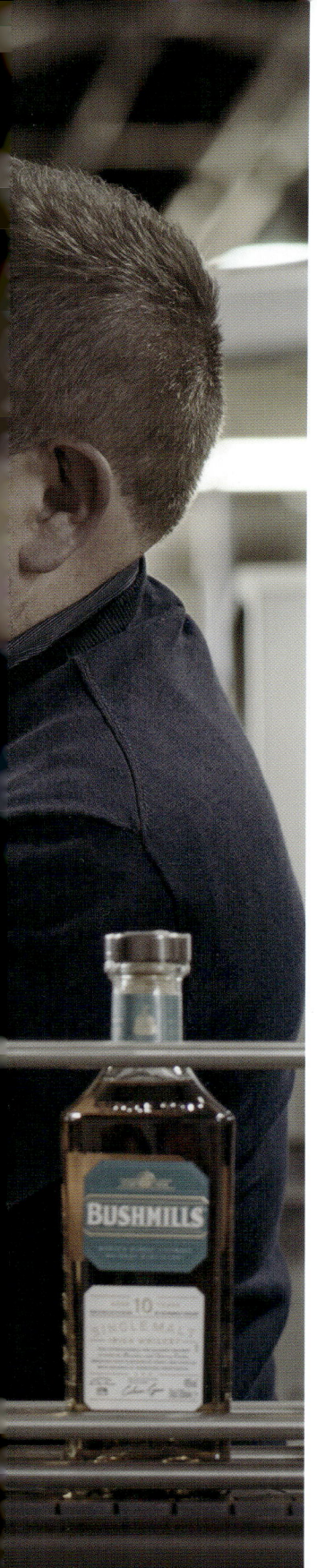

위스키 베이스

위스키는 얼음 없이 그대로 즐기는 니트 음용법이 널리 알려졌지만, 올드 패션드나 맨해튼, 위스키 하이볼처럼 칵테일로도 많은 사랑을 받고 있습니다. 위스키를 니트로 즐기다 가끔 칵테일로 마셔보면 색다른 매력에 빠져들 거예요.

GODFATHER
갓파더

풍부한 위스키의 아로마와 달콤한 너트 · 바닐라 · 체리의 힌트

생각보다 많이 알려진 갓파더 칵테일은 위스키의 강한 맛과 달콤한 아마레토의 조합으로 만들어집니다. 누가 개발했는지 아무도 모르지만, 영화 〈대부(1972)〉를 통해 그 이미지와 맛의 무게감으로 널리 알려졌습니다.

- **RECIPE**   BUILD, ROCK GLASS, ABOUT 28% ABV, 90ml

  듀어스 12Y 위스키 45ml (블렌디드 스카치 위스키)
  디사론노 20ml (아마레토 리큐르)

- **METHOD**   ① 글라스에 얼음을 가득 채운다.
  ② 듀어스와 디사론노를 넣고 가볍게 젓는다.

- **TASTE**

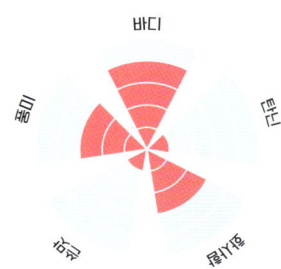

ORIGINAL HIGHBALL
오리지널 하이볼

맥주보다 깔끔하고 강한 청량감의 목넘김, 풍부한 위스키의 풍미

긴 유리잔 속의 얼음이 증기 기관차의 보일러 압력공의 형태와 유사하다고 해서 하이볼이라고 불립니다. 듀어스 위스키 가문의 토미 듀어 Tomy Dewar가 위스키의 강한 맛을 즐기지 못하는 지인들을 위해 탄산수를 혼합해 만든 것이 시초라고 알려져 있습니다. 이후 일본이 서양 문화를 받아들이던 시기에 처음으로 소개된 칵테일 중 하나가 바로 스카치 하이볼입니다.

- **RECIPE**　BUILD, TALL GLASS, ABOUT 10% ABV, 130ml

　　　　　　듀어스 12Y 위스키 30ml (블렌디드 스카치 위스키)
　　　　　　탄산수 90ml
　　　　　　WHEEL 레몬

- **METHOD**　① 글라스에 얼음을 가득 채운다.
　　　　　　② 위스키를 넣고, 탄산수를 가득 채운다.
　　　　　　③ 가볍게 저은 다음 레몬으로 연출한다.

- **TASTE**

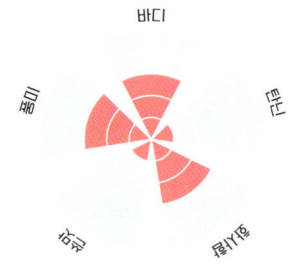

WHISKY SOUR
위스키 사워

부드러운 질감 뒤에 이어지는 산미, 위스키의 풍부한 여운, 적절한 단맛

위스키의 향긋한 풍미를 더욱 부드러운 질감과 함께 새콤달콤하게 즐길 수 있는 칵테일입니다. 위스키의 맛과 향을 너무 강하다고 느끼는 사람이 곁에 있다면 이 칵테일로 시작해보는 건 어떨까요?

- **RECIPE**

  SHAKE, COCKTAIL GLASS, ABOUT 12% ABV, 110ml

  듀어스 12Y 위스키 45ml (블렌디드 스카치 위스키)
  설탕 시럽 15ml
  레몬주스 15ml
  계란흰자 1개 분량

- **METHOD**

  ① 셰이커에 모든 재료를 넣고 얼음없이 셰이킹한다.
  ② 얼음을 넣고 다시 충분히 셰이킹한다.
  ③ 차갑게 보관된 글라스에 내용물만 담는다.

- **TASTE**

  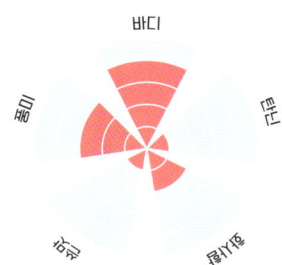

NEW YORK
뉴욕

새콤달콤한 맛과 은은한 위스키의 풍미

버번 위스키의 강렬한 맛과 향긋한 향을 아름다운 붉은색과 함께 새콤달콤하게 즐기는 칵테일입니다.

- **RECIPE**

  SHAKE, COCKTAIL GLASS, ABOUT 18% ABV, 90ml

  버번 위스키 45ml
  라임주스 12ml
  그레나딘 시럽 5ml
  설탕 시럽 5ml
  레몬 껍질

- **METHOD**

  ① 셰이커에 모든 재료를 넣고 얼음없이 셰이킹한다.
  ② 얼음을 넣고 다시 충분히 셰이킹한다.
  ③ 차갑게 보관된 글라스에 내용물만 담고 레몬 껍질로 연출한다.

- **TASTE**

  Alcohol ●●●●○
  Sourness ●●○○○
  Sweetness ●●○○○

MANHATTAN
맨해튼

단단한 위스키의 밸런스 뒤에 이어지는 복잡미묘한 아로마의 여운

미국 맨해튼에서 이안 마샬Iain Marshall 박사가 만든 칵테일입니다. 블랙Black이라는 바텐더에 의해 맨해튼 클럽에서부터 확산하기 시작했습니다. 1891년 윌리엄 슈미트William Schmidt가 출간한 서적에 이러한 내용이 기록되어 있어 세상에 알려졌습니다.

- **RECIPE**

  STIR, COCKTAIL GLASS, ABOUT 33% ABV, 90ml

  버번 위스키 50ml
  마티니 로쏘 스위트 베르무트 10ml
  앙고스투라 비터스 1대시
  마라스키노 체리

- **METHOD**

  ① 믹싱 글라스에 모든 재료를 넣는다.
  ② 얼음을 넣고 충분히 젓는다.
  ③ 차갑게 보관된 글라스에 내용물만 담는다.
  ④ 체리로 연출한다.

- **TASTE**

  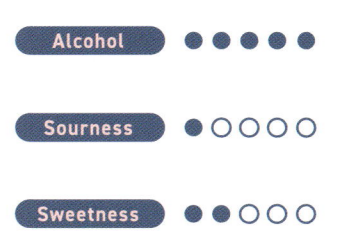
  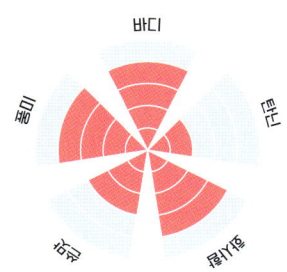

김봉하의 위스키 칵테일

IRISH RUSTY NAIL
아이리시 러스티 네일

기분 좋은 달콤함 뒤에 이어지는 향긋한 위스키의 조화

1937년 뉴욕에서 열린 영국산업박람회에서 소개된 증류주 · 리큐어 · 비터스가 포함된 음료로 알려졌습니다. 이후 1960년대에 스카치 위스키와 드람부이를 혼합한 표준 레시피가 완성되었으며 오늘날 드람부이 리큐어 컴퍼니의 대표 칵테일입니다. 드람부이 리큐르는 스카치 위스키와 꿀을 혼합한 것으로 가정에서 더욱 부드럽고 간단하게 즐길 수 있는 레시피를 아래와 같이 소개합니다.

- **RECIPE**

  BUILD, ROCK GLASS, ABOUT 35% ABV, 90ml

  부쉬밀 블랙 부쉬 60ml (아이리시 위스키)

  꿀 1스푼

  * 오리지널 레시피: 위스키 45ml, 드람부이 20ml

- **METHOD**

  ① 글라스에 위스키와 꿀을 넣는다.
  ② 충분히 저은 다음 얼음을 채운다.
  ③ 가볍게 젓는다.

- **TASTE**

  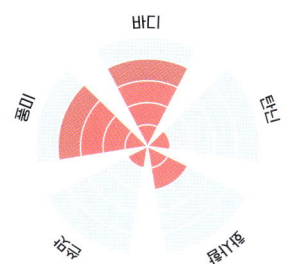

PENICILLIN
페니실린

새콤달콤한 맛과 개운하고 묵직한 풍미, 스모키 풍미

2005년 뉴욕에서 샘 로스 Sam Ross 바텐더가 개발했습니다. 스코틀랜드 과학자인 알렉산더 플레밍 Alexander Fleming 이 발견한 페니실린처럼, 지치고 힘든 사람들을 위한 '감정 치료제'라는 의미가 담겨 있습니다.

- **RECIPE**

    SHAKE, ROCK GLASS, ABOUT 12% ABV, 120ml

    듀어스 12Y 위스키 60ml (블렌디드 스카치 위스키)
    레몬주스 20ml
    꿀 20ml
    생강 슬라이스 2개
    피트 위스키 5ml

- **METHOD**

    ① 블렌더에 듀어스 · 레몬주스 · 꿀 · 생강을 넣고 충분히 간다.
    ② 셰이커에 내용물을 여과하여 넣고 얼음과 함께 셰이킹한다.
    ③ 얼음을 채운 글라스에 내용물을 담는다.
    ④ 피트 위스키를 가볍게 붓는다.

- **TASTE**

    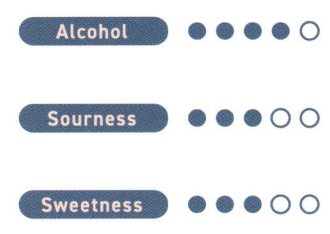
    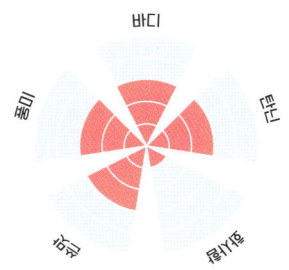

김봉하의 위스키 칵테일

BOURBON STREET
버번 스트릿

복숭아를 머금은 위스키의 맛과 새콤달콤하고도 묵직한 밸런스

버번 위스키의 대중화를 바라며 제가 개발한 칵테일입니다. 버번 위스키의 향긋한 풍미와 달콤한 맛이 누구에게나 기분 좋게 전달되도록 표현했습니다. 새콤달콤한 맛과 진한 버번의 풍미, 달콤한 복숭아의 맛이 그대로 느껴지는 칵테일입니다.

- **RECIPE** BLEND, ROCK GLASS, ABOUT 12% ABV, 120ml

  버번 위스키 45ml
  피치트리 30ml
  레몬주스 15ml
  설탕 시럽 20ml
  아로마틱 비터스 2대시

- **METHOD**
  ① 블렌더에 모든 재료를 넣는다.
  ② 조각 얼음을 적당히 넣고 간다.
  ③ 글라스에 내용물을 담고 조각 얼음을 채운다.
  ④ 레몬 껍질로 연출한다.

- **TASTE**

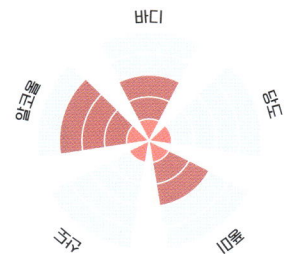

나만 알고 싶은 위스키 SMWS

믹솔로지의 백 바를 바라보면서 최근 급부상하고 있는 싱글 몰트 위스키의 미래에 대해 잠시 생각한 적이 있습니다. 큰 관심과 사랑으로 새롭고 희소성 있는 위스키를 원하는 소비자가 늘고 있었거든요. 그러던 찰나 'SMWS가 한국에 정식으로 들어오면 어떨까?'라고 생각했던 기억이 떠올랐고 다음 날 바로 브리프를 준비해 회사의 윗분들을 설득했습니다. 2년 가까운 시간을 들여 라이선스를 획득해 SMWS를 한국으로 들여오게 되었죠.

Scotch Malt Whisky Society는 스코틀랜드의 각 증류소에서 아직 세상으로 깨고 나오지 않은 오크통 위스키를 원액 그대로 병입해 멤버십으로 제공하는 서비스입니다. 유럽·미국·호주·일본·대만·중국을 비롯해 위스키를 사랑하는 30여 개 국가의 약 36,000여 명의 회원이 가입해 있습니다. 브랜드의 제품처럼 일괄적인 맛과 향을 제공하지 않고 각 오크통의 맛과 향이 다르기 때문에 같은 위스키를 또다시 만날 수 없다는 특별한 희소성, '나만 알고 싶은 위스키'를 소장하고 싶은 이들을 위한 서비스입니다.

첫 시작은 필립 핍 힐스Phillip Pip Hills—줄여서 핍—에 의해서였습니다. 핍은 1970년대 스코틀랜드를 여행하며 다양한 증류소의 위스키를 시음했고, 그동안 경험하지 못한 맛과 향에 흠뻑 빠졌습니다. 이 경험을 지인들에게 소개하고자 Glenfarclas 증류소에서 캐스크 하나를 구매—비용은 분담—해 함께 즐겼습니다. 이 사건이 점차 입소문이 나서 특별한 위스키를 요하는 사람들이 몰려들어 그룹이 확장되었죠. 시중에서 쉽게 구할 수 없는 위스키이며 맛과 향이 아주 특별했고 순수한 매력이 있었기 때문입니다. 1983년에는 더 많은 사람에게 알리고자 SMWS 협회가 설립되었습니다.

좋은 것은 많은 사람과 나누자는 핍의 철학으로 탄생한 SMWS, 브랜드에 갇힌 위스키의 인식을 넘어서 더 감성적이며 다양한 맛과 향을 제공합니다. 증류소나 브랜드에 대한 선입견을 배제하기 위해 보틀 라벨에 증류소 이름을 표기하지 않으며, 대신 감성적인 스토리텔링을 기반으로 만들어진 창의적인 이름과 테이스팅 노트·증류소 코드·숙성에 사용된 캐스크·알코올 도수·숙성 정보가 표기됩니다.

SMWS KOREA www.smwskr.com

럼 · 진 · 보드카 · 테킬라가
다양하게 들어가는 칵테일

향긋한 식물재료의 풍미가 느껴지는 진, 달콤하고 잔잔한 바닐라 오크의 풍미가
전해지는 럼, 단단한 알코올의 밸런스 보드카, 매력적인 아가베의 대체할 수 없는
풍미가 느껴지는 테킬라, 오렌지의 잔잔한 여운이 전해지는 오렌지 큐라소.
이 모두가 들어가는 칵테일이 있습니다. 맛과 향이 좋고 가성비도 좋다는 이미지의
칵테일이며 조금은 올드한 이미지가 있죠. 하지만 '한 잔 마시면 기분 좋고,
두 잔 마시면 취기가 올라오며, 세 잔 마시면 집에 가야 한다'는 칵테일,
궁금하지 않나요?

BLUE HAWAII
블루 하와이

시원한 컬러감과 새콤달콤한 맛이 여름철 휴양지를 연상시키는 칵테일

'힐튼 하와이안 빌리지 와이키키 리조트'에서 탄생했다고 알려져 있습니다. 무더운 여름날의 바닷빛과 같은 시원한 컬러감을 가져서 '리조트와 어울리는 칵테일'로 전 세계 다양한 곳에서 인기를 누볐던 칵테일입니다.

• **RECIPE**

SHAKE, TALL GLASS, ABOUT 18% ABV, 150ml

그레이 구스 보드카 20ml (보드카)
바카디 카르타 블랑카 럼 20ml (화이트 럼)
디카이퍼 블루 큐라소 10ml (블루 큐라소 리큐르)
파인애플주스 60ml
레몬주스 15ml
설탕 시럽 20ml

• **METHOD**

① 셰이커에 모든 재료를 넣고 얼음과 함께 셰이킹한다.
② 얼음을 채운 글라스에 내용물을 여과해 담는다.
③ 레몬 또는 파인애플로 연출한다.

• **TASTE**

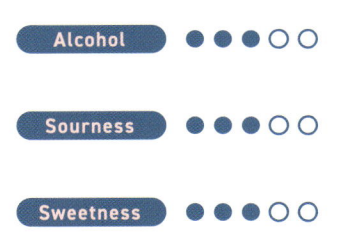

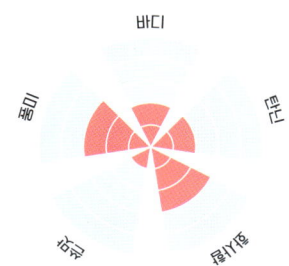

LONG ISLAND ICED TEA
롱아일랜드 아이스티

아이스티를 마시는 듯한 편안한 느낌, 은은하게 전해오는 복잡한 알코올의 강도

1972년 뉴욕 롱아일랜드의 오크 비치 인 Oak Beach Inn에서 바텐더인 로버트 로즈버드 버트 Robert Rosebud Butt가 개발했다고 전해지고 있습니다. 럼 · 진 · 보드카 · 테킬라 · 오렌지 큐라소가 모두 들어가는 칵테일이며 알코올이 상당히 강하지만, 그 맛과 가격은 부담스럽지 않아 오늘날까지 인기를 누리고 있습니다.

- **RECIPE**　　SHAKE, TALL GLASS, ABOUT 18% ABV, 160ml

　　　　　　　그레이 구스 보드카 15ml (보드카)
　　　　　　　바카디 카르타 블랑카 15ml (화이트 럼)
　　　　　　　봄베이 사파이어 진 15ml (드라이 진)
　　　　　　　호세 쿠엘보 테킬라 15ml (테킬라)
　　　　　　　디카이퍼 트리플섹 15ml (오렌지 큐라소)
　　　　　　　레몬주스 15ml
　　　　　　　설탕 시럽 20ml
　　　　　　　코크 50ml

- **METHOD**
　① 셰이커에 코크를 제외한 재료를 넣는다.
　② 얼음과 함께 셰이킹한다.
　③ 글라스에 얼음을 채우고 내용물만 여과해 담는다.
　④ 코크를 채우고 레몬으로 연출한다.

- **TASTE**

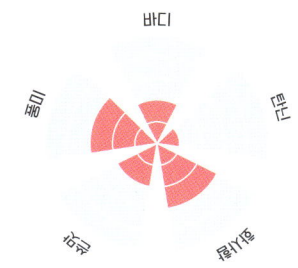

리큐르 베이스

액체의 보석이라고 불리는 리큐르, 칵테일에 빠져서는 안 될 카테고리입니다. 아름다운 컬러와 다채로운 풍미로 새롭게 태어나는 칵테일의 세계에 빠져 볼까요?

DISARONNO SOUR
디사론노 사워

새콤달콤하고 부드러운 질감, 향긋한 풍미

이름 그대로 디사론노가 들어가는 새콤한 칵테일입니다. 과거 유제품이 개발되기 전에 크리미한 질감을 연출하기 위해 달걀흰자를 사용하던 클래식 기법을 이용하며 향긋한 디사론노의 풍미와 새콤달콤한 맛이 매력적인 칵테일입니다. 디사론노는 최초의 아마레토 리큐르입니다. 아마레토는 이탈리아어로 '향긋하고 쓰다'라는 뜻의 Amaro와 '사랑'을 뜻하는 Amore를 합쳐 '쓰라린 또는 아련한 사랑'을 의미합니다.

- **RECIPE** SHAKE, ROCK GLASS, ABOUT 14% ABV, 110ml

    디사론노 50ml
    설탕 시럽 10ml
    레몬주스 15ml
    달걀흰자 1개 분량

- **METHOD**
    ① 셰이커에 모든 재료를 넣고 얼음 없이 셰이킹한다.
    ② 다시 얼음을 넣고 충분히 셰이킹한다.
    ③ 차갑게 보관된 글라스에 내용물만 여과해 담는다.

- **TASTE**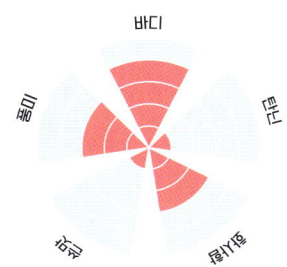

PEACH CRUSH
피치 크러쉬

새콤달콤한 맛, 향긋한 복숭아, 아름다운 컬러

복숭아의 향긋한 맛이 그대로 전해지는 피치 크러쉬는 국민 칵테일이라 해도 과하지 않을 정도로 인기입니다. 크러쉬드 아이스의 시원한 비주얼 속에 크랜베리주스의 절제된 컬러가 우리의 구미를 당깁니다.

• **RECIPE**   SHAKE, TALL GLASS, ABOUT 10% ABV, 150ml

레몬 0.5개
피치트리 45ml
설탕 시럽 20ml
크랜베리주스 60ml

• **METHOD**
① 셰이커에 레몬을 잘라 넣고 으깬다.
② 나머지 재료와 얼음을 넣고 셰이킹한다.
③ 얼음을 채운 글라스에 내용물만 여과해 담는다.
④ 조각 얼음을 채우고 레몬으로 연출한다.

• **TASTE**

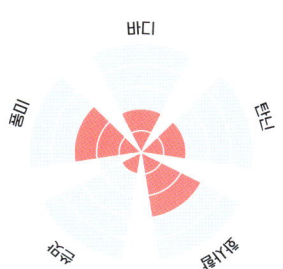

JUNE BUG
준 벅

잘 익은 메론 · 코코넛 · 트로피컬, 편안하고 맛있는 목넘김

6월의 벌레를 의미하는 칵테일이지만, 여름 전의 따뜻한 날씨를 연상시키는 이미지를 지니고 있습니다. 열대 과일을 대표하는 잘 익은 파인애플과 코코넛, 그리고 달콤한 멜론, 바바나의 맛과 향이 그대로 느껴지는 웨스턴 바의 인기 칵테일입니다.

• **RECIPE**　　SHAKE, TALL GLASS, ABOUT 10% ABV, 140ml

　　　　　　　　레몬 0.5개
　　　　　　　　설탕 1스푼
　　　　　　　　디카이퍼 멜론 30ml
　　　　　　　　디카이퍼 바나나 15ml
　　　　　　　　말리부 15ml
　　　　　　　　파인애플주스 30ml
　　　　　　　　설탕 시럽 20ml

• **METHOD**　　① 셰이커에 레몬을 조각 썰어 넣고 설탕과 함께 으깬다.
　　　　　　　　② 나머지 재료를 넣고 얼음과 함께 셰이킹한다.
　　　　　　　　③ 얼음을 채운 글래스에 내용물만 여과하여 담는다.
　　　　　　　　④ 레몬 또는 허브로 연출한다.

• **TASTE**

Alcohol　●●○○○
Sourness　●●●○○
Sweetness　●●●○○

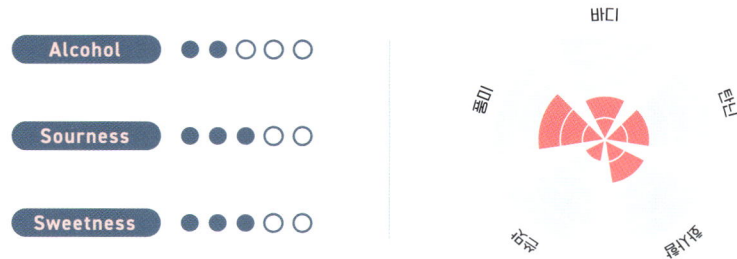

BLUE SAPPHIRE
블루 사파이어

아름다운 사파이어 보석이 연상되는 컬러와 새콤달콤하고 시원한 맛

한때 웨스턴 바에서 없어선 안 될 칵테일로 사랑받았습니다. 향긋한 복숭아와 달콤한 코코넛의 풍미, 그리고 사파이어 보석을 들고 있는 듯한 느낌이 매력적인 칵테일입니다. 비교적 알코올 도수가 낮아 술을 잘 마시지 못하는 이들도 즐기기 좋습니다.

- **RECIPE**

  SHAKE, TALL GLASS, ABOUT 10% ABV, 140ml

  레몬 0.5개
  디카이퍼 블루 큐라소 10ml
  피치트리 15ml
  말리부 15ml
  설탕 시럽 20ml
  탄산수 50ml

- **METHOD**

  ① 셰이커에 레몬을 잘라 넣고 으깬다.
  ② 탄산수를 제외한 나머지 재료와 얼음을 넣고 셰이킹한다.
  ③ 얼음을 채운 글라스에 내용물만 여과해 담는다.
  ④ 탄산수를 채우고 레몬 또는 감귤류로 연출한다.

- **TASTE**

  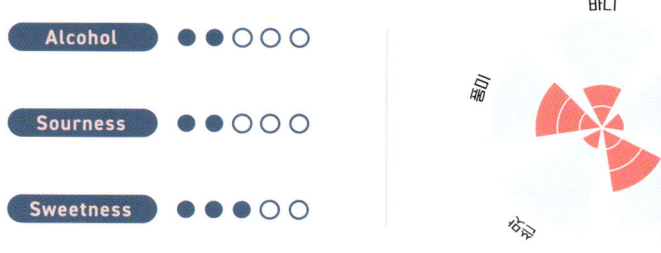

COLUMN

리큐어 LIQUEUR

리큐어는 연금술사들이 증류 제조 기술을 발견한 후 다양한 형태로 발전했습니다. 증류주는 라틴어로 생명의 물이라는 표현인 아쿠아 비테 Aqua Vitae에서 유래했는데, 인간의 다양한 질병을 치료하는 목적의 약주로 탄생했기 때문입니다. 프랑스에서는 생명의 물을 능가하는 약용 효과를 더하려는 목적으로 스피릿에 각종 약초 성분을 녹여 리케파켈레 Liquifacere를 만들었고, 이게 오늘날 리큐어의 어원입니다. 리큐어를 만드는 기술이 수도원의 승려들에게 전해지면서 중세 시대의 수도원은 독자적 리큐어 제조에 임했습니다. 오늘날까지도 그 전통을 잇고 있는 약초계 리큐르가 있습니다.

대항해시대로 인해 신대륙과 아시아로부터 다양한 식물재료와 설탕을 접하면서 리큐어의 원료도 더욱더 복잡하게 설계되었습니다. 18세기 이후부터는 의학기술의 발전으로 리큐어의 효능 논리가 배제되면서 과일향을 주체로 하는 리큐어가 주목받기 시작했죠. 리큐르 제조에는 증류법 Distilled Process, 침출법 Infusion Process, 에센스법 Essence Process 등이 사용되며 대부분 두 가지 이상의 방법을 병용해서 제조합니다.

유럽 상류층 부인들이 손에 든 잔 속의 리큐어 컬러를 몸에 걸친 의상과 보석처럼 패션으로 코디하며 즐겼습니다. 그래서 리큐르 제조사들은 맛과 향은 물론 아름다운 컬러도 연구하였고, 결국 "액체의 보석"이라는 별명을 갖게 되었습니다.

와인 베이스

'와인으로 칵테일을 만든다고?'라며 경악할 수도 있지만, 와인은 오래전부터 칵테일처럼 다른 음료와 혼합해 음용됐습니다. 항긋한 베르무트, 매력적인 셰리뿐만 아니라 스파클링 와인 · 화이트 와인 · 레드 와인 등도 다양한 주류와 함께 매력적인 칵테일로 새롭게 태어납니다.

NEW YORK SOUR
뉴욕 사워

부드러운 질감 속에 단단한 위스키의 맛과 매력적인 와인의 향긋함

뉴욕 사워는 위스키 사워 제조 방식과 흡사하게 만들어지며, 그 위에 레드 와인을 플로우팅하여 와인의 향긋함과 붉은 색의 라인을 연출하는 것이 특징입니다. 1870~1880년대에 개발되었다고 전해집니다.

- **RECIPE**

    SHAKE, ROCK GLASS, ABOUT 17% ABV, 140ml

    라이 또는 버번 위스키 45ml
    레몬주스 20ml
    설탕 시럽 15ml
    달걀흰자 1개 분량
    레드 와인 15ml

- **METHOD**

    ① 셰이커에 레드 와인을 제외한 재료를 넣고 얼음 없이 셰이킹한다.
    ② 다시 얼음을 넣고 충분히 셰이킹한다.
    ③ 차갑게 보관된 글라스에 내용물만 여과해 담는다.
    ④ 레드 와인을 천천히 붓는다.

- **TASTE**

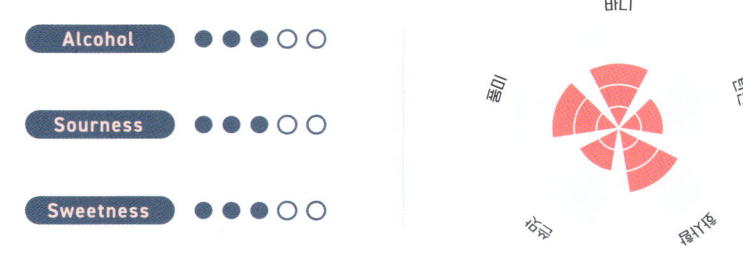

FRENCH 75
프렌치 75

단단한 알코올의 느낌과 은은한 샴페인의 버블, 상큼한 산미가 기분 좋게 느껴진다

1919년에 해리 맥엘혼Harry MacElhone이 〈The ABC of Mixing Drinks〉를 출판했고, 거기에 런던 벅스 클럽Buck's Club의 팻 맥가리Pat MacGarry라는 바텐더가 만든 프렌치 75가 소개되어 있다고 합니다. 이 칵테일에 사용되는 긴 샴페인 글라스가 2차 세계 대전에 사용되었던 75mm 대포 같다고 하여 프렌치 75라는 이름이 붙여졌다고 합니다. 이후 파리에 있는 해리스 뉴욕 바Harry's New York Bar에서 많은 인기를 누리며 오늘날까지 전해지고 있습니다.

- **RECIPE**

    SHAKE, CHAMPAGNE GLASS, ABOUT 16% ABV, 120ml

    봄베이 사파이어 진 30ml (드라이 진)
    설탕 시럽 2대시
    레몬주스 15ml
    샴페인 60ml

- **METHOD**

    ① 셰이커에 샴페인을 제외한 재료를 넣고 얼음과 함께 셰이킹한다.
    ② 얼음을 채운 하이볼 글라스에 내용물만 여과해 담는다.
    ③ 샴페인을 가득 채운 다음 가볍게 젓는다.

- **TASTE**

    Alcohol ●●●○○
    Sourness ●●○○○
    Sweetness ●○○○○

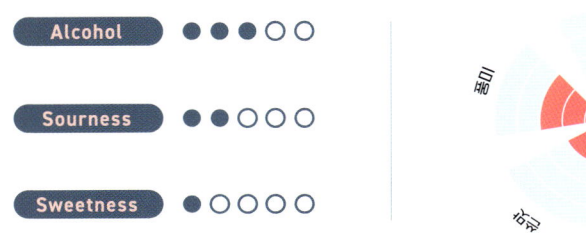

김봉하의 와인 칵테일

WHITE SANGRIA
화이트 상그리아

깔끔한 청량감과 향긋하고 은은한 화이트 와인, 상큼한 녹색 과일

스페인과 포르투갈에서 즐기는 와인 칵테일입니다. 달콤한 레드 와인에 갖가지 과일과 설탕과 탄산수를 첨가해 시원하게 즐기는 음료입니다. 김봉하의 화이트 상그리아는 깔끔하고 향긋한 화이트 와인 베이스에 그린 컬러를 곁들여 만들었습니다.

- **RECIPE** BUILD, WHITE WINE GLASS, ABOUT 5% ABV, 140ml

  소비뇽 블랑 60ml (화이트 와인)
  라임주스 10ml
  설탕 시럽 15ml
  탄산수 가득
  청포도 · 멜론 · 라임 · 민트

- **METHOD**

  ① 글라스에 얼음을 채우고 모든 재료를 넣는다.
  ② 이때, 라임과 레몬은 슬라이스, 멜론은 찹으로 썰어 넣는다.
  ③ 가볍게 저은 다음 민트로 연출한다.

- **TASTE**

  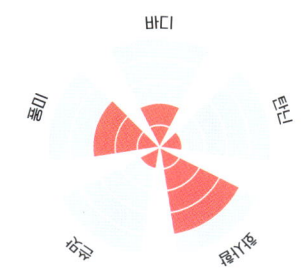

ST-GERMAIN SPRITZ
생제르맹 스프리츠

향긋한 엘더플라워 풍미, 기분 좋은 와인과 청량감의 여운

스프리츠는 이탈리아에서 식전주로 즐기는 칵테일 중 하나입니다. 달콤하거나 쓰지만 향긋한 리큐르와 탄산 또는 스파클링 와인을 곁들여 즐기는 칵테일을 말합니다. 생제르맹 스프리츠는 향긋한 엘더플라워 꽃향과 기분 좋은 청량감이 그대로 전해지는, 봄날에 어울리는 식전주 칵테일입니다.

- **RECIPE** BUILD, TALL GLASS, ABOUT 10% ABV, 150ml

  생제르맹 50ml
  프로세코 스파클링 와인 60ml
  탄산수 30ml
  라벤더 1줄기

- **METHOD** ① 글라스에 얼음을 채우고 라벤더를 제외한 모든 재료를 넣는다.
  ② 라벤더 한 줄기를 넣고 가볍게 젓는다.

- **TASTE**
  - Alcohol ●●○○○
  - Sourness ●●○○○
  - Sweetness ●●○○○

바디 / 탄닌 / 당도 / 산도 / 풍미

KIR ROYAL
키르 로얄

달콤한 베리의 풍미와 샴페인의 매력적인 조화

키르는 프랑스에서 식전주로 즐기는 음료의 종류이며 크렘 드 카시스에 화이트 와인을 얹는 칵테일입니다. 크렘 드 카시스는 이 지역의 특산물인 블랙 커런트로 만드는 리큐르로 유명했고, 여기에 화이트 와인 대신에 샴페인을 사용해 키르 로얄을 만들었습니다.

- **RECIPE**

  BUILD, CHAMPAGNE GLASS, ABOUT 8% ABV, 100ml

  크렘 드 카시스 10ml

  샴페인 90ml

- **METHOD**

  ① 글라스에 카시스를 넣는다.

  ② 샴페인을 넣고 가볍게 젓는다.

- **TASTE**

  Alcohol ●●○○○

  Sourness ●●○○○

  Sweetness ●●●○○

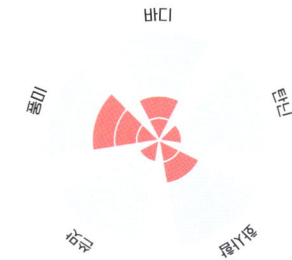

MIMOSA
미모사

신선한 오렌지의 풍미와 섬세하고 향긋한 샴페인의 아로마, 은은한 청량감

미국에서 갓 짠 오렌지주스가 병에 담겨 유통되자 곧 '건강한 주스'라는 이미지가 생겼고, 브런치에서 빠져서는 안 될 음료가 되었습니다. 미모사는 샴페인과 오렌지주스를 혼합한 브런치의 우아한 한 잔입니다. 노란색 꽃이 만발한 아카시아 딜바타의 아름다움을 뜻하는 별칭인 미모사가 이름의 유래입니다.

- **RECIPE** BUILD, CHAMPAGNE GLASS, ABOUT 4% ABV, 150ml

  갓 짜낸 오렌지주스 75ml
  샴페인 75ml
  오렌지 비터스 1대시

- **METHOD**
  ① 스퀴저를 사용해 신선한 오렌지를 착즙한다.
  ② 글라스에 오렌지주스와 샴페인을 넣는다.
  ③ 가볍게 저은 다음 오렌지 비터스 혹은 큐라소로 코팅한다.

- **TASTE**

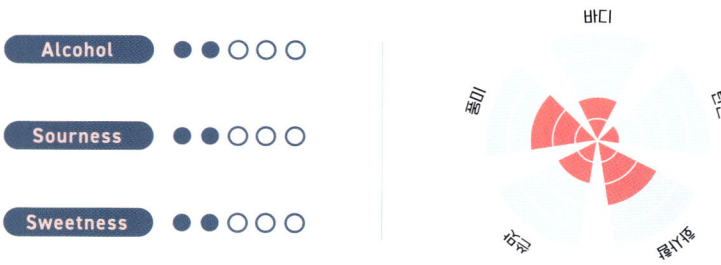

BELLINI
벨리니

달콤한 복숭아의 풍미와 조화를 이루는 샴페인의 기분 좋은 느낌

1934년에서 1948년 사이 이탈리아 베네치아의 해리스 바 Harry's Bar 설립자인 주세페 Giuseppe Cipriani가 개발했다고 전해집니다. 15세기 베네치아 예술가인 조반니 벨리니 Giovanni Bellini의 그림에서 느낄 수 있는 톤, 그 톤을 연상시키는 독특한 핑크빛 음료를 접목한 것에서부터 시작됐다고 합니다.

신선한 복숭아 백도 퓌레를 사용하면 더 향긋하고 맛있는 벨리니를 즐길 수 있습니다.

- **RECIPE**　BUILD, CHAMPAGNE GLASS, ABOUT 5% ABV, 135ml

　　　　　　복숭아 퓌레 45ml
　　　　　　샴페인 90ml

- **METHOD**　① 글라스에 퓌레를 넣고 샴페인을 넣는다.
　　　　　　② 가볍게 젓는다.

　　　　　　* 퓌레 대체: 복숭아 1/4개, 설탕 2티스푼, 피치트리 30ml를 믹서기에 넣고 간다.

- **TASTE**　Alcohol　●●○○○
　　　　　　Sourness　●●○○○
　　　　　　Sweetness　●●●○○

맥주 베이스

세계 각지의 다양한 맥주가 해당 지역의 자부심으로 생산됩니다. 시원한 맥주를 그냥 들이켜는 것도 좋지만, 다양한 재료와 함께 칵테일로도 음용합니다. 오래전부터요.

MICHELADA
미켈라다

기분 좋은 맥주의 청량감 뒤로 이어지는 풍부하고 깔끔한 토마토

멕시코에서 테킬라 다음으로 많이 마시는 음료입니다. 고블렛 글라스와 흡사한 모양의 샤발라 컵에 소금 또는 타힌 칠리가루를 묻힌 뒤 맥주와 얼음을 채우고 라임과 소금을 넣어 만드는 음료입니다. 멕시코의 어느 클럽에서 미첼 에스퍼 Michel Esper라는 사람이 즐기던 레모네이드 레시피가 인기를 끌면서 '미첼의 레모네이드'로 알려지게 되었다고 합니다.

- **RECIPE** BUILD, TALL GLASS, ABOUT 4% ABV, 185ml

  라임주스 15ml
  RIM에 바를 타힌 또는 소금
  클라마토주스 또는 토마토주스 45ml
  타바스코 소스 3대시
  우스터 소스 3대시
  마기 소스 2대시
  멕시칸 라거 120ml

- **METHOD**
  ① 글라스의 입 닿는 부분에 라임즙을 묻힌 뒤 타힌 칠리가루를 찍어 바른다.
  ② 얼음을 채우고 클라마토주스 또는 토마토주스를 넣는다.
  ③ 그 위에 모든 재료를 넣고 맥주를 채운다.
  ④ 라임으로 연출한다.

- **TASTE**

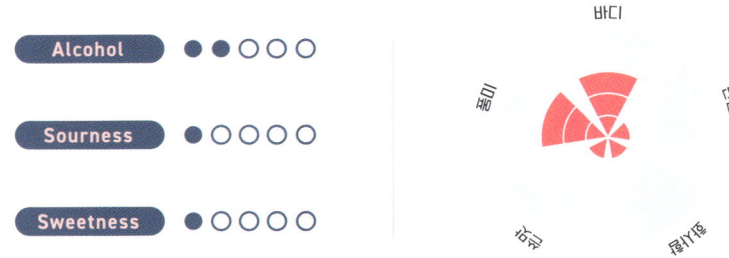

김봉하의 맥주 칵테일

INTENSE HIGHBALL
인텐스 하이볼

진하고 단단한 위스키의 풍미와 깔끔하고 기분 좋은 청량감

언젠가 떠났던 대만 출장에서 나이가 지긋한 노부부 바텐더가 운영하는 바를 찾았습니다. 위스키 하이볼 한 잔을 입에 대는 순간, 너무나 강한 맛에 정신이 번쩍 들었는데 그게 참 나쁘지만은 않았죠. 인텐스 하이볼은 뛰어난 접근성을 가진 맥주와 흡사한 비주얼을 가진 더 강한 하이볼을 만들고자 했던 열망에서 시작된 메뉴입니다. 부드러운 맥주의 거품만 올려서 풍부한 질감만 제공하고, 강한 하이볼의 특징은 그대로 담았습니다.

- **RECIPE**

  BUILD, TALL GLASS, ABOUT 11% ABV, 240ml

  듀어스 12Y 위스키 60ml (블렌디드 스카치 위스키)
  맥주 60ml
  탄산수 120ml

- **METHOD**

  ① 차갑게 보관한 글라스에 냉동실에 보관한 위스키를 넣는다.
  ② 또 다른 글라스에 맥주를 넣고 거품기로 풍부한 맥주 거품을 만든다.
  ③ 하이볼 글라스에 탄산수를 거칠게 부은 다음 맥주 거품을 올린다.

- **TASTE**

  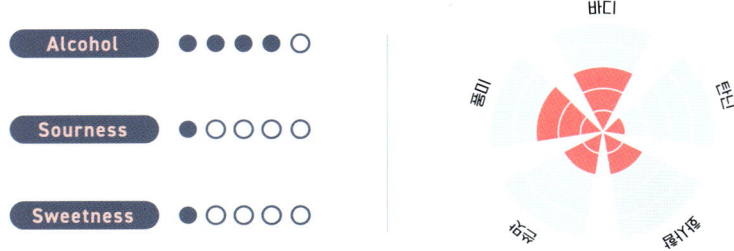

BLACK VELVET
블랙 벨벳

구수하고 깊은 보리의 풍미와 샴페인의 절제된 산미와 아로마

만화 〈바텐더〉에는 주인공이 한 손에는 샴페인을 들고, 다른 손에는 기네스 맥주를 쥔 채 하나의 줄기로 넘치지 않게 천천히 따르며 블랙 벨벳을 만드는 장면이 나옵니다.

이 칵테일은 1861년 빅토리아 Alexandrina Victoria 여왕의 남편인 알버트 Albert of Saxe-Coburg and Gotha 왕자의 죽음을 애도하는 의미로 런던의 브룩스 클럽 Brooks's Club에서 만들어졌습니다. 남은 생을 검정 옷만 입기로 한 그녀의 안타까운 사별을 애도하는 의미로 그녀가 손에 쥐게 될 음료에까지 그 의미를 담았던 모양입니다.

- **RECIPE** BUILD, CHAMPAGNE GLASS, ABOUT 7% ABV, 240ml

  샴페인 또는 스푸만테 120ml
  기네스 또는 스타우트 맥주 120ml

- **METHOD** ① 하이볼 글라스 또는 맥주 글라스에 샴페인을 넣는다.
  ② 그 위에 스타우트 맥주를 천천히 넘치지 않게 붓는다.

- **TASTE**

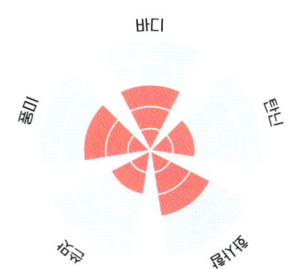

RED EYE
레드 아이

깔끔하고 매력적인 토마토, 갈증 해소, 맥주의 청량감

한국은 유독 숙취 해소를 위한 음식과 음료가 많은데, 서양은 그렇지 않은가 봅니다. 술을 많이 마신 다음 날, 토마토가 숙취에 좋다고 생각해 알코올이 낮은 맥주에 토마토주스를 넣어 즐겼다고 하죠.
숙취로 인해 충혈된 빨간 눈을 진정시킨다고 해서 '레드 아이'라고 불렸다고 합니다. 멕시코의 미켈라다를 간단하게 만든 버전 같긴 하지만, 제가 좋아하는 칵테일 중 하나입니다.

- **RECIPE** BUILD, TALL GLASS, ABOUT 3% ABV, 240ml

    맥주 180ml
    토마토주스 60ml

- **METHOD** ① 하이볼 또는 맥주 글라스에 맥주를 넣는다.
    ② 단맛이 없는 토마토주스를 넣고 가볍게 젓는다.

- **TASTE**

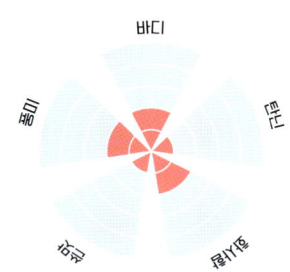

논 알코올 칵테일

건전한 라이프 스타일을 지향하거나 종교적 신념을 따르는 이들에게 금주는 자연스럽고 당연할 수 있습니다. 하지만 우리는 사람들과 커피나 술 한 잔을 기울이며 일상을 보내곤 합니다. 술을 마시지 않는 이들이 바에서 칵테일을 즐길 수 있는 건 네덜란드의 젊은 사업가 벤Ben Branson 덕분입니다. 수백 년 전부터 전해오는 증류 기술과 씨앗 농사를 짓는 모습에서 영감을 얻어 "농업의 유산, 자연과 결합된 디자인"을 내세우며 전 세계 최초로 술을 마시지 않는 사람들을 위한 논 알코올 증류주Distiled Non Alcohol Spirit라는 카테고리를 만들었습니다.

사실 익숙하지 않은 맛이고 만족스럽지 못할 수도 있지만, 발상의 전환이 만들어 낸 결과물이 참 멋있습니다. 저도 수년 전부터 이것에 영감을 얻어, 논 알코올 칵테일이 "술을 덜어낸" 것이라는 인식 대신 "술을 대체한" 인식을 줄 수 있는 베이스를 만들기 시작했습니다. 쓴맛을 내는 뿌리 식물인 용담과 황련으로 비터스와 흡사한 바디감을 찾아냈고, 시럽과 접목해 보존력을 더했습니다. 여러분이 다양한 논 알코올 칵테일을 만들고 싶다면 에 시럽을 만들어 사용해보세요.

NON ALCOHOL SYRUP
논 알코올 시럽

- **RECIPE**
  물 500ml
  황련 10g
  용담 10g
  소금 1g
  설탕 500g

- **METHOD**
  ① 황련과 용담을 찬물에 넣고 ˙0분간 불린 다음 깨끗이 씻는다.
  ② 냄비에 물을 넣고 끓인 다음 불을 끄고 황련과 용담, 소금을 넣는다.
  ③ 3분간 우려낸 다음 내용물을 걸러낸다.
  ④ 설탕을 넣고 잘 저어준 다음 식혀서 사용한다.

김봉하의 논 알코올 칵테일

ESPRESSO MARTINO
에스프레소 마티노

진한 커피의 풍미, 단단한 밸런스

이탈리아의 카페에는 사케라토 Shakerato 라는 메뉴가 있습니다. 에스프레소에 설탕 시럽을 조금 넣고 얼음과 함께 강하게 흔들어 즐기는 음료이며 얼음 프레이크와 함께 진한 커피의 풍미를 달콤하게 디저트로 즐깁니다. 그와 흡사한 형태로, 분위기 좋은 바에서 아무도 모르게 알코올이 들어있지 않은 칵테일을 즐길 수 있다는 게 포인트입니다.

• RECIPE

SHAKE, COCKTAIL GLASS, ABOUT 0% ABV, 110ml

논 알코올 시럽 30ml

에스프레소 60ml

바닐라빈 시드

1:5 소금물 2대시

• METHOD

① 셰이커에 각 재료를 넣고 얼음과 함께 강하게 셰이킹한다.
② 차갑게 보관된 글라스에 내용물만 담는다.
③ 커피로 연출한다.

• TASTE

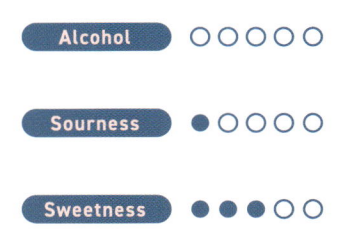

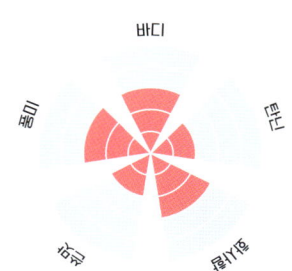

김봉하의 논 알코올 칵테일

NO MULE
노 뮬

알싸하고 개운한 생강과 라임의 신선함과 탄산의 청량감

갈증이 가득한 날, 분위기에만 취하고 싶을 때 논 알코올 모스코 뮬을 즐겨 보시길 추천합니다. 청량감이 깃든 음료의 시원함과 개운함이 오늘의 스트레스를 날려줄 테니까요.

- **RECIPE** BUILD, COPPER GLASS, ABOUT 0% ABV, 140ml

  논 알코올 시럽 30ml
  생강 5g
  라임주스 15ml
  진저에일 또는 진저비어 90ml

- **METHOD**
  ① 구리로 된 글라스에 얼음을 가득 채운다.
  ② 저그에 논 알코올 시럽 · 생강 · 라임주스 · 약간의 진저에일 또는 진저비어를 넣는다.
  ③ 핸드블렌더 또는 믹서기를 사용하여 충분히 갈아낸다.
  ④ 글라스에 생겨난 물을 따라내고 저그의 내용물을 여과하여 넣는다.
  ⑤ 진저에일 또는 진저비어를 채우고 라임으로 연출한다.

- **TASTE**

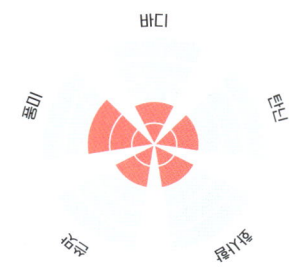

김봉하의 논 알코올 칵테일

COSNOPOLITAN
코스노폴리탄

아름다운 핑크빛과 새콤달콤한 맛, 오렌지 풍미

2000년대 미국 드라마가 한국에 소개되면서 코스모폴리탄과 크랜베리주스가 선풍적인 인기를 끌었던 기억이 납니다. 친구는 술을 마시지 못해 코로 냄새만 맡았었는데, 그를 위해 논 알코올 만들어 냈던 칵테일이니 여러분도 그 누군가를 위해 시도해 보시면 좋을 것 같네요.

- **RECIPE**

  SHAKE, COCKTAIL GLASS, ABOUT 0% ABV, 100ml

  논 알코올 시럽 30ml
  라임주스 15ml
  오렌지 워터 20ml
  크랜베리주스 20ml

- **METHOD**

  ① 셰이커에 라임 껍질을 살짝 벗겨 넣고 각 재료를 넣는다.
  ② 얼음과 함께 셰이킹한다.
  ③ 차갑게 보관한 글라스에 내용물만 담는다.
  ④ 오렌지 또는 라임 껍질로 연출한다.

- **TASTE**

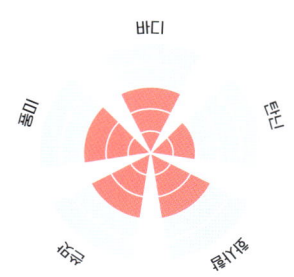

따뜻한 칵테일

나라마다 추위와 감기를 이겨내기 위해 전해 내려오는 지혜와
전통이 있습니다. 칵테일도 있죠. 날씨가 서늘해져 피곤한 몸과
마음을 녹이고 싶을 때, 지난 주말에 마시다 남은 와인으로
따뜻한 칵테일을 만들 수 있습니다.

와인은 오픈하고 다 마시지 못하면 집안 어디에선가 방치되다가
버려지곤 하는데요. 산화된 와인으로 만들 수 있는 뱅쇼나
글루바인은 프랑스와 독일에서 겨울의 따뜻한 음료로
오늘날까지 사랑받고 있습니다.

머그잔이나 찻잔에 넣어 마시면 갖가지 과일의 향과 와인의
풍미를 느끼면서 추위로부터 몸을 따뜻하게 보호할 수 있습니다.

VIN CHAUD
뱅쇼

향긋하고 풍부한 와인의 아로마, 시트러스, 따뜻함

추위와 감기를 이겨내기 위해 전해 내려오는 지혜가 담긴 뜨거운 칵테일이 여러 나라에 있습니다. 서늘한 날씨, 피곤한 몸을 녹이려고 마시다 남은 와인을 입에 대면 마치 상한 듯 신맛이 극도로 치달아 있고 쓰기만 해서 '버려야 하나' 고민에 잠기는데요. 이때 뱅쇼를 만들어 즐기길 추천합니다. 프랑스인들이 겨울에 즐겼던 뱅쇼를 끓여 머그잔이나 찻잔에 넣어 마시면 향긋한 풍미와 함께 추위를 견뎌낼 힘을 얻을 수 있습니다.

- **RECIPE** BUILD, ROCK GLASS, ABOUT 3% ABV, 120ml

  오렌지 0.5개
  레몬 0.5개
  정향 2-3개
  계피 2-3개
  물 200ml
  레드 와인 240ml
  설탕 또는 꿀 60g

- **METHOD**

  ① 냄비에 오렌지와 레몬을 껍질 채로 슬라이스해서 넣고 정향과 계피를 넣는다.
  ② 물을 넣고 끓인 다음, 충분히 우려난 물에 와인을 붓고 약 5분을 약한 불로 서서히 끓인다.
  ③ 적당한 단맛을 위해 설탕이나 꿀을 적당량 넣어 당도를 조절한다.

  * 너무 많이 끓이면 알코올이 다 날아가므로 주의한다.
  * 기호에 따라 바닐라빈, 커피빈 등을 넣고 다양한 풍미를 연출한다.
  * 적당한 용량으로 덜어서 즐긴다.

- **TASTE**

  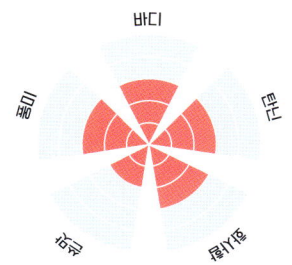

HOT TODDY
핫 토디

풍부한 위스키의 풍미와 상큼하고 달콤한 맛, 따뜻함

핫 토디는 1610년에 사탕수수주스로 만든 음료를 의미하는 힌디어 'Taddy'에서 파생되었습니다. 1786년에 이 단어가 공식화되었고, 뜨거운 물·향신료·설탕을 혼합한 음료에 알코올을 곁들이는 아일랜드의 의사 로버트 벤틀리 토드 Robert Bentley Todd의 레시피로 인해 핫 토디로 발전하게 되었습니다.

- **RECIPE**

    BUILD, MUG GLASS, ABOUT 5.4% ABV, 150ml

    뜨거운 물 120ml
    생강청 또는 유자청 1스푼
    레몬 1/4웨지
    듀어스 12Y 위스키 20ml
    시나몬 스틱 1개

- **METHOD**

    ① 머그잔에 뜨거운 물과 생강청 또는 유자청을 넣는다.
    ② 잘 풀어준 다음 레몬을 짜서 넣고 위스키를 넣는다.
    ③ 시나몬으로 저어가며 즐긴다.

- **TASTE**

    Alcohol ●●●●○
    Sourness ●●○○○
    Sweetness ●●●○○

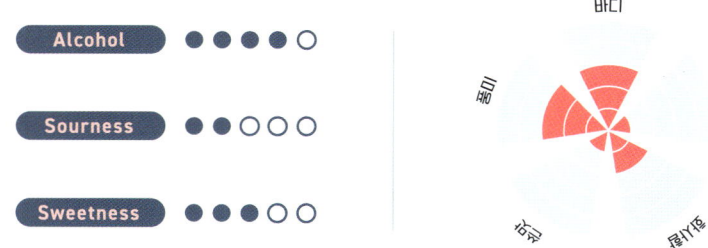

IRISH COFFEE
아이리시 커피

향긋한 커피와 아이리시 위스키의 풍미, 따뜻하고 부드러운 크림

아이리시 커피는 1940년대 할리우드 스타와 정치인을 포함해 미국의 많은 승객이 붐비던, 유럽에서 가장 큰 공항 중 하나인 포인스 공항의 레스토랑에서 시작되었습니다. 조 셰리던Joe Sheridan이라는 종업원이 추운 날씨에 손님에게 제공할 따뜻한 음료를 목적으로 개발한 것입니다. 연한 커피에 각설탕 하나, 아이리시 위스키, 크림이 들어가는 이 음료를 맛본 사람들은 "이게 브라질 커피인가요?"라고 물었고, 그는 "아니요, 아이리시 커피입니다."라고 대답했습니다.

- **RECIPE**

    BUILD, MUG GLASS, ABOUT 4.6% ABV, 200ml

    부쉬밀 블랙 부쉬 20ml (아이리시 위스키)
    아메리카노 커피 150ml
    각설탕 2개
    헤비크림 30ml

- **METHOD**

    ① 머그잔에 각설탕을 넣고 따뜻한 아메리카노 커피를 넣는다.
    ② 잘 저은 다음 부쉬밀을 넣는다.
    ③ 따뜻하게 데운 크림을 스푼으로 떠서 올린다.
    * 아이리시 커피는 위스키와 커피에 따라 맛이 달라진다.
      특히 섬세한 풍미가 느껴지는 드립 커피를 사용하면 좋다.

- **TASTE**

    Alcohol ●●●○○
    Sourness ●○○○○
    Sweetness ●●○○○

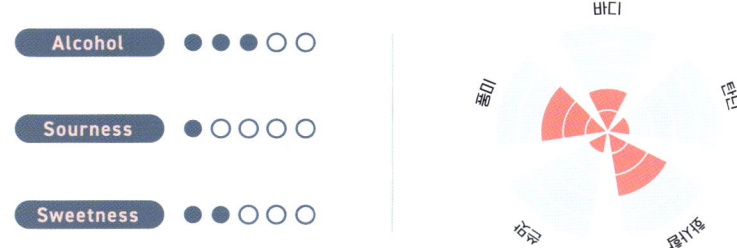

PART 3

최소 준비로 홈-바 만들기

이제 칵테일에 눈을 뜬 여러분들에게 최소 주류·최소 도구·최소 기술로 홈-바를 만드는 방법을 소개합니다. 칵테일 파티를 위한 대량 주조 방법과 적합한 샷 칵테일들도 다루고 있으니 지인들을 초대해보세요

최소 주류로 홈-바 만들기

이제 막 홈 바를 구축하려는 분들이 처음부터 럼·진·보드카·테킬라·위스키·코냑·리큐르를 다 갖추고 시작하기는 어렵죠. 좋아하는 칵테일 혹은 주류 카테고리를 정해 두고 칵테일 메뉴를 하나씩 추가하는 방법을 추천합니다.

예를 들어, 위스키를 마시며 가끔 위스키 하이볼을 즐긴다면 위스키 한 병만으로도 충분합니다. 탄산수를 곁들이면 하이볼, 꿀을 넣어 온더락으로 즐기면 러스티 네일, 달걀흰자와 레몬과 시럽을 넣고 얼음과 함께 셰이킹하면 위스키 사워로 즐길 수 있습니다.

봄베이 사파이어 한 병만 있어도 진 토닉 · 진 피즈 · 김렛을 만들 수 있으며, 추가로 베르무트와 캄파니 등을 구비하면 마티니 · 네그로니 등을 만들 수 있죠.

이처럼 좋아하는 주류 베이스를 먼저 구매하고 베이스별 칵테일을 하나씩 즐긴다면 합리적인 홈-바를 구성할 수 있습니다.

① 럼 · 진 · 보드카 · 테킬라 · 위스키 · 코냑 중에서 본인이 좋아하는 주류 카테고리를 구매합니다.
② 어느 칵테일에서든 사용할 수 있는 베르무트와 리큐르 등을 추가로 구매합니다.
③ 다음으로 좋아하는 다른 주류 카테고리를 구매합니다.

최소 도구와 기술로
홈-바를 운영하는 방법

최소 도구와 기술로 홈-바를 운영하자

칵테일은 전용 도구가 없어도 충분히 만들 수 있습니다. 지거 대신에 소줏잔, 셰이커 대신 미숫가루 믹스통, 바 스푼 대신에 젓가락을 사용하면 됩니다. 하지만 '홈-바를 구성한다'라는 측면에서는 갖춰야 할 것들이 있죠.

지거, 바 스푼, 셰이커, 도마, 칼.
하이볼 글라스, 칵테일 글라스, 온더락 글라스, 믹싱 글라스.
있으면 좋은 스트레이너, 제스트, 토치.

최소 기술로 홈-바를 운영하자

지거를 이용하면 흘리는 액체 없이 글라스에 부을 수 있고, 바 스푼을 손에 쥐고 가볍게 저으면 칵테일을 만들 수 있습니다. 이 두 가지 기술(?)만으로도 진 토닉 · 하이볼 · 모스코 뮬 · 팔로마 · 쿠바리브레 · 바탕가 등의 칵테일을 만들 수 있어요. 제가 5,000여 명의 소비자를 대상으로 칵테일 클래스를 진행해 본 결과, 모두가 어렵지 않게 해냈습니다.

바텐더처럼 우아한 기술들(지거링 · 스터링 · 셰이킹 등)을 장착하고 싶다면, 빈 잔에 물을 채워 셰이커에 따르는 지거링을 연습하고, 얼음을 채워 셰이킹 연습을 합시다. 다음으로는 믹싱 글라스에 얼음을 넣고 지거링으로 물을 따른 뒤 스터링 연습을 하면 되죠. 반복적으로 연습하면 언젠가 지인들을 홈-바로 초대하고 싶은 자신감이 들 거예요. 그때는 긴장하지 말고, 흘리지 말고, 자연스러운 대화와 술 설명을 곁들여가며 칵테일을 만들어 봅시다.

칵테일 파티를 위한 대량 주조 방법

혼자서 수십에서 수백 잔의 칵테일을 만들기란 쉽지 않죠.
하지만 집에서 파티라도 할 때, 다음과 같은 방법을 이용하면
피로도와 제조 시간을 확연히 줄일 수 있습니다.

먼저 제공할 칵테일 메뉴를 스타일과 강도로 구분해 구성하세요.
가볍게 마실 수 있는 칵테일(진 토닉·하이볼·모스코 뮬 등)
한 가지, 약간의 알코올 강도가 있는 온더락 스타일의 칵테일
한 가지(갓파더·올드 대션드·네그로니 등), 여기에 드라이 마티니
같은 샷 칵테일로 구성하면 시간대별 혹은 다양한 이들을
만족시킬 수 있습니다.

제가 이벤트 혹은 파티에서 대량으로 칵테일을 만들 때 사용하는
방법이 "칵테일 프렙Preparation"을 준비하는 건데요, 가장 쉬운
방법으로는 칵테일에 사용될 술을 미리 혼합해 두는 겁니다.
예를 들어 갓파더는 위스키와 디사론노가 2:1 비율로 혼합되고,
네그로니는 진:캄파리:스위트 베르무트가 1:1:1 비율로 혼합됩니다.
미리 빈 병에 비율대로 혼합해 두고, 칵테일을 만들 때 한 번만
따라서 제조하면 시간과 노동을 줄일 수 있죠. 레몬과 라임의 즙도
미리 짜 놓고 술과 레시피 비율대로 혼합해 두면 편리합니다.
단, 칵테일이 얼마나 소진될지 잘 예상해야 재료가 남지 않겠죠?

칵테일 파티를 위한
샷 칵테일

슈터 혹은 샷 칵테일. 액체의 비중을 이용해 층을 분리해서 쌓는 플로우팅과 레이어링을 하는 칵테일입니다. 시각적인 연출로 재미를 더하는 동시에 입 속에서 혼합되며 나타나는 맛과 향을 즐길 수 있는 음료이죠. 얼음으로 희석하지 않아 알코올 도수가 높은 편이며 주로 파티나 클럽에서 볼 수 있습니다.

예뻐서 눈이 가고, 쥐고 싶고, 곧 마시고 싶어지는 이 음료는 주로 샷 글라스에 담겨왔는데, 뉴욕의 한 클럽에서 기물의 변화를 주어 과학 실험용으로 쓰이는 실린더에 담아낸 연출이 또 하나의 주류로 자리 잡았습니다.

플로우팅: '띄운다'라는 뜻으로 액체 위에 또 다른 액체를 뚜렷이
구분되도록 층이 지게 띄우는 기술입니다. 바 스푼을 이용해 액체를
떨어뜨려 압력을 최대한 줄이면서 띄우는 방법이 있고, 용기를 기울여
천천히 붓는 방법이 있습니다. 모든 재료가 뜨는 건 아니고,
알코올 도수가 최소 7% 이상 차이가 나야 합니다. 소량으로
테스트하며 만들어 보면 좋습니다.

레이어링: 층의 경계가 그라데이션처럼 은은하게 변하는 것으로
무지개와 같은 느낌으로 연출하는 방법입니다. 플로우팅과 같은 방법을
사용하며 액체를 떨어뜨리는 압력을 강하게 하면 됩니다. 푸어러의
공기구멍을 조절하며 따르는 연습이 필요합니다.

BLACK & BLACK
블랙 & 블랙

달콤한 초콜릿과 은은한 식물재료의 긴 여운

미국에서 온 친구가 갑자기 "블랙 & 블랙"을 달라고 하기에 처음 듣는 칵테일이라 너무 궁금해서 역으로 물었던 기억이 납니다. 이후 그 매력에 푹 빠졌던 칵테일이죠. 달콤한 초콜릿 풍미 뒤에 다양한 식물재료의 여운이 느껴지는, 식사 후 디저트로 생각나는 칵테일입니다.

- **RECIPE** BUILD, SHOT GLASS, ABOUT 25% ABV, 50ml

  디카이퍼 카카오 브라운 25ml

  예거 마이스터 25ml

- **METHOD** ① 글라스에 디카이퍼 카카오 브라운을 붓는다.

  ② 예거 마이스터를 그 위에 플로우팅한다.

- **TASTE**

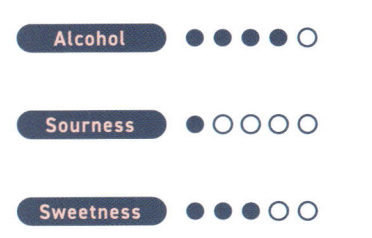
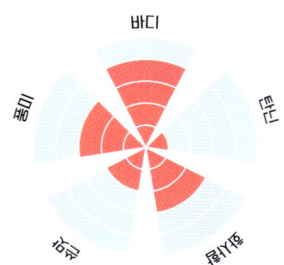

DETOX
디톡스

깔끔한 보드카의 첫 느낌 뒤로 달콤한 복숭아의 맛

2000년대 초, 칵테일에도 신선한 재료와 다양한 기법을 활용해 새로운 장르로 구현하는 믹솔로지가 등장했습니다. 믹솔로지는 '혼합하다'라는 의미의 Mix와 '학문을 연구하다'라는 ~ology의 합성어로 한 잔의 칵테일을 구성하는 각 재료와 기술을 연구하며 더욱 완성도 있게 접근하는 방식입니다. 벤 리드 Ben Reed라는 친구가 쓴 책에 담긴 재밌는 샷 칵테일을 소개합니다.

첫맛은 보드카의 강한 느낌이 밀려오고 이내 달콤한 복숭아와 크랜베리의 상큼한 맛이 밀려오는 칵테일입니다.

- **RECIPE** BUILD, SHOT GLASS, ABOUT 25% ABV, 55ml

  피치트리 20ml
  크랜베리주스 10ml
  그레이 구스 보드카 25ml (보드카)

- **METHOD** ① 글라스에 피치트리를 붓는다.
  ② 크랜베리주스를 넣고 그 위에 그레이 구스 보드카를 플로우팅한다.

- **TASTE**

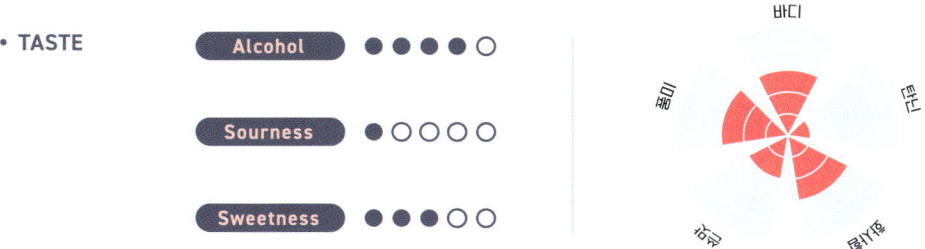

B-52
비-52

달콤하고 진한 커피, 오렌지, 크림이 입안에 가득 차는 맛

무시무시한 폭격기의 이름이기도 한 B-52를 마시면 제 속도 불이 나고 말 거라는 생각을 했었습니다. 하지만 달콤하고 부드럽고 향긋한 맛이 조화로운 칵테일이죠. 커피와 부드러운 크림, 오렌지의 은은하고 풍부한 질감이 입 안에 가득 차는 매력적인 칵테일입니다.

- **RECIPE**

  BUILD, SHOT GLASS, ABOUT 27% ABV, 60ml

  티아미리아 커피 리큐르 20ml (커피 리큐르)
  베일리스 크림 리큐르 20ml
  디카이퍼 트리플섹 20ml (오렌지 큐라소)

- **METHOD**

  ① 글라스에 티아미리아와 크림 리큐르를 차례대로 천천히 올린다.
  ② 그 위에 디카이퍼 트리플섹을 플로우팅한다.

- **TASTE**

  Alcohol ●●●●○
  Sweetness ●○○○○
  Sourness ●●●○○

BRAIN
브레인

할로윈에 어울릴 법한 비주얼과 달콤한 복숭아, 부드러운 크림

마치 외계인의 뇌를 연상시키듯 다소 자극적으로 신비한 형상을 띠고 있지만, 달콤한 복숭아의 맛과 부드러운 크림은 금세 입가에 미소를 짓게 합니다.

- **RECIPE** BUILD&LAYERING, SHOT GLASS, ABOUT 19% ABV, 50ml

  피치트리 25ml
  베일리스 크림 리큐르 20ml
  그레나딘 시럽 2대시
  디카이퍼 블루 큐라소 2대시

- **METHOD** ① 글라스에 피치트리를 넣고 그 위에 크림 리큐르를 플로우팅한다.
  ② 그레나딘 시럽과 블루 큐라소를 조금씩 떨어뜨린다.

- **TASTE**

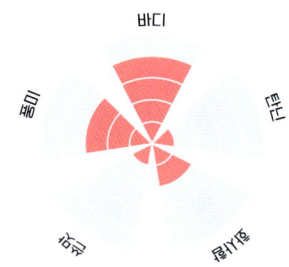

LEMON DROP
레몬 드롭

상큼한 레몬과 매력적인 럼의 풍미

레몬 드롭은 1969년에 오픈한 샌프란시스코의 펀 바Fern bar(화초 등으로 고급스럽게 꾸민 전문직 종사자가 주 고객인 바, 유피 바Yuppie bar 혹은 프레피 바Preppy bar라고도 불림)에서 레몬 사탕의 새콤달콤한 맛과 향에 영감을 얻어 탄생한 칵테일입니다. 당시에는 칵테일 글라스에 만들어졌으나 이후 샷 칵테일로 만들어지며 펍이나 클럽에서 더욱 인기를 누렸습니다.

• **RECIPE**   SHAKE, SHOT GLASS, ABOUT 27% ABV, 50ml

디카이퍼 트리플섹 15ml (오렌지 큐라소)
바카디 카르타 블랑카 15ml (화이트 럼)
레몬주스 15ml
각설탕 1개
헤비럼 5ml
WHEEL 레몬

• **METHOD**
① 셰이커에 모든 재료를 넣고 셰이킹한다.
② 글라스에 내용물만 여과해 담는다.
③ 레몬 휠 위에 각설탕을 올리고 헤비럼으로 불을 붙여 서브한다.

* 불이 꺼진 다음 설탕이 레몬 휠에 스며들고 충분히 온도가 내려가면 음용한다.

• **TASTE**

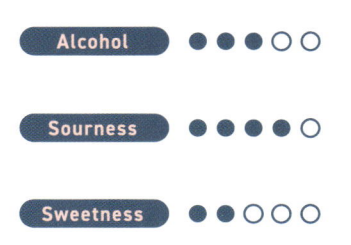
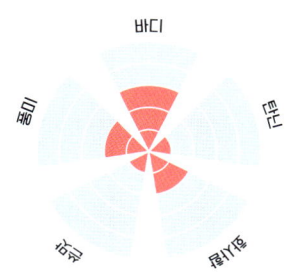

칵테일 창조의 방정식

칵테일 창조는 어렵게 생각하면 끝도 없는 창작의 고통 속에서 헤어날 수 없게 되지만, 가볍게 생각하면 하루에도 여럿 만들어 낼 수 있습니다. 하지만 저는 칵테일에는 특별한 맛과 향이 있어야 하고, 거기에 명확한 콘셉트와 스토리가 있어야 한다고 말합니다. 믹솔로지스트 양성 과정에서 최종적으로 가르치는 부분이 '칵테일 창조 과정'입니다. 처음에는 어렵게 느껴지고 귀찮을 수 있지만, 여러분만의 칵테일을 하나씩 정리하다 보면 어느새 멋진 칵테일 레시피 북이 만들어져 있을 거예요.

① **분석**: 칵테일을 마시는 이들의 성별, 연령대, 상황별에 따라 그들이 원하는 맛의 형태, 알코올의 강도, 스타일이 달라지며 시간과 장소에 따라 식전주인지 식후주인지 예측하여 칵테일의 범위를 좁힐 수 있습니다.

② **구상**: 칵테일을 마시는 대상과 상황의 분석이 끝나면 그들이 선호하는 재료의 종류와 계절별 제철과일이나 허브 등이 무엇이 있는지 조사하여 효율적인 메뉴 구성이 될 수 있도록 필터링하며 재료의 컬러·향·맛·원가 등을 고려하여 구상합니다.

③ **창작**: 구상 단계에서 각 후보군에 오른 재료의 특징 중에서 향을 돋보이게 할지 맛을 돋보이게 할지 결정하고 알코올의 강도·글라스의 형태·재료와 어울리는 스피릿 등을 고려하여 스케치를 합니다.

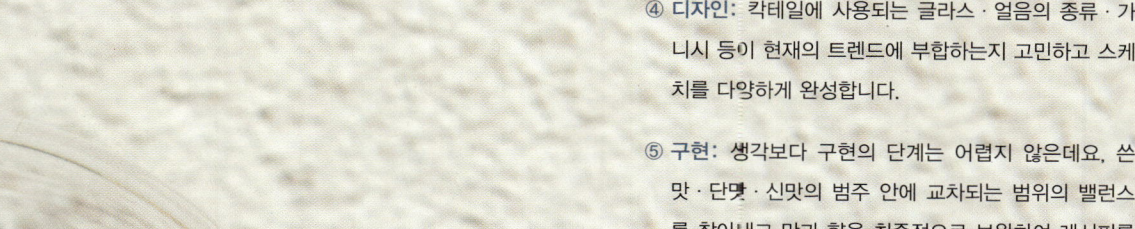

④ **디자인:** 칵테일에 사용되는 글라스·얼음의 종류·가니시 등이 현재의 트렌드에 부합하는지 고민하고 스케치를 다양하게 완성합니다.

⑤ **구현:** 생각보다 구현의 단계는 어렵지 않은데요, 쓴맛·단맛·신맛의 범주 안에 교차되는 범위의 밸런스를 찾아내고 맛과 향을 최종적으로 보완하여 레시피를 완성합니다. 이때 레시피가 최종적으로 완성되기까지 그려온 스케치를 필터링하여 보관해 놓습니다.

⑥ **마케팅:** 여러분이 고민하고 노력한 결과물이 누군가에게 인기가 없다면 정말 속상할텐데요. 칵테일을 개발하는 과정에서 고민한 콘셉트와 여러분의 철학과 트렌드를 반영한 스토리를 접목하고 간결한 설명과 레시피를 스케치를 토대로 구현한 사진과 함께 경험하지 못한 이들에게 콘텐츠로 선보입니다.

김봉하의 토닉워터 개발 이야기

FIZZ LAB | HOUSE OF FIZZ TONIC WATER
피즈 랩 | 하우스 오브 피즈 토닉워터

TONIC WATER

토닉워터는 말라리아를 예방하기 위해 퀴니네 나무에서 추출한 퀴닌 성분과 탄산으로 조합된 음료로 개발되었으며, 19세기 초 인도의 군장들이 퀴닌을 더 맛있게 먹기 위해 물·설탕·라임·진을 섞어서 진 토닉 칵테일을 탄생시켰습니다. 하지만 의학의 발달로 토닉워터가 말라리아 치료제로 사용될 필요가 없어지자, 토닉워터의 퀴닌 함유량이 적어져 이전보다 덜 쓰고, 청량감이 가득한 음료로 사용되고 있습니다.

HOUSE OF FIZZ TONIC WATER

저는 국내 유통되는 토닉워터의 단맛과 신맛이 우리가 노력해 만드는 칵테일에 가져올 결과에 의문을 가졌습니다. 해외 프리미엄 토닉워터처럼 덜 달고, 얼얼한 맛의 비터한 느낌, 강한 탄산이 스피릿의 풍미를 뒷받침하는 토닉워터를 만들기 위해 수년간 노력했습니다.
1860년에 발견된 최초의 피트 토닉워터PITTS AERATED TONIC WATER의 히스토리와 탄산과 칵테일을 연구하는 믹솔로지스트&바텐더의 전문성을 결합하고 기존 토닉워터보다 당도와 칼로리는 낮춘 채 해외 프리미엄 토닉워터와 견주어도 손색없는 맛과 향으로 개발했습니다. 무엇보다 프리미엄 스피릿보다 부담스러웠던 가격에서 탈피했습니다. 우리의 철학이 담긴 토닉워터가 맛있는 칵테일이 되어 여러분의 손과 입으로 전해집니다.